DEUXIÈME CHRONIQUE DU RÈGNE DE NICOLAS Ier

Né à Paris en 1946, journaliste cofondateur d'*Actuel*, Patrick Rambaud a publié une trentaine de livres, notamment des parodies littéraires qui ont connu un grand succès. Il a obtenu le Grand Prix du roman de l'Académie française et le prix Goncourt en 1997 pour *La Bataille*.

Paru dans Le Livre de Poche :

L'Absent
La Bataille
Le Chat botté
Chronique du règne de Nicolas Ier
La Grammaire en s'amusant
L'Idiot du village
Il neigeait

PATRICK RAMBAUD
de l'académie Goncourt

*Deuxième chronique
du règne de Nicolas Ier*

GRASSET

© Éditions Grasset & Fasquelle, 2008.
ISBN : 978-2-253-13313-1 – 1ʳᵉ publication LGF

à Tieu Hong
à George Orwell
à Groucho Marx

« La France est une monarchie absolue tempérée par des chansons. »

Nicolas CHAMFORT.

*Adresse à Notre Très Émoustillant Souverain,
Trésor National Vivant*

C'est parce que nous sommes nombreux à souffrir votre règne, Sire, que j'ai entrepris de le raconter depuis son aurore, afin qu'en demeurent les péripéties et, oserais-je le dire, une manière de trace. Dans un premier volume de cette chronique, j'ai évoqué Votre Grandiose Installation sur le trône encore chaud du roi Chirac et les six mois bouillonnants qui suivirent. J'y brossai, comme à la paille de fer, les figures les plus clinquantes qui formaient votre Cour et relatai la bousculade calculée des événements qui plongèrent un pays dans la stupeur, puis dans le stupide. Je redoute, Sire, de vous parler aussi ouvertement, mais ce Livre II va chanter une nouvelle chanson, puisqu'il s'ouvre sur les fissures qu'on aperçut bien vite craqueler la façade de votre bel édifice, et sur le réveil du populaire engourdi par vos tours et vos atours. La plume m'en tremble entre les doigts, mais Votre Compulsive Grandeur doit comprendre que, selon les lois de la nature et celles de la politique, la pluie succède au beau temps. Voici venue pour Votre Omnipotence la saison des orages.

P. R.

Chapitre Premier

Facéties attribuées à Mouammar le Cruel. – Sa Majesté tournée en ridicule. – Bienheureuse apparition de la comtesse Bruni. – Traits importants de son caractère. – Drôlerie soudaine de Notre Vif Leader. – De la bondieuserie volontaire.

Les jours qui précédèrent aussitôt l'an 2008 méritent une sorte de panorama, parce qu'ils servirent de fondement à une suite de faits considérables. En hiver survint une calamité qui s'abattit droit sur Notre Foudroyant Monarque, et il faut ici détailler cette plaie dès son origine pour ne point rester sots. A l'époque vivait dans le désert de Libye un calife redoutable de la tribu des Kadhafa ; on le connaissait partout sous le nom de Mouammar le Cruel. Grand au-dessus du commun, le teint jaunâtre, empâté des joues et parfaitement mal rasé, le museau flétri d'un rocker de Liverpool, avec l'air bédouin au possible dans son burnous en laine de chameau, il possédait un don particulier d'intrigue, de souterrains et de ressources de toute espèce. Quarante années plus tôt, il avait profité de l'absence du vieux roi Idriss, qui prenait les eaux chez les Turcs, pour lui dérober sa place, son pays, son or, son pétrole et son gaz. Désormais enivré de sa dignité, Mouammar se fit tout seul colonel, puis il voulut réunir autour de sa personne le peuple entier des Arabes pour le mener, mais les autres chefs lui tournèrent le dos, alors, regardant vers le Sud, il essaya de ramasser sous sa gandoura de belle facture les potentats de l'Afrique, mais ils esquivèrent prestement ses caresses : « Passe ton chemin, Bédouin, tu ne nous inspires nulle confiance ! » Le colonel s'était à l'instant exalté ; lui qui espérait imiter le pharaon Nasser, un dieu, il vit soudain son rêve s'émietter : « Par la barbe teinte en rouge du Prophète ! Personne ne veut de moi ? Eh bien qu'Allah vous tripote, je ne veux pas de vous non plus ! » Dès lors Mouammar se consacra au désordre, il figura le Mal, ses manières piquaient, insultaient même, et il devint aussi fin à nuire qu'à se faire des ennemis ; son commerce sembla insupportable par son autorité brutale, ses humeurs, sa malice, avec un air de supériorité qui faisait vomir et révoltait en même temps.

Le sobriquet de Cruel était justifié par ses actes. Mouammar se plaisait à aider tout ce que les Etats comptaient de furieux et de névrosés graves ; il distribua des missiles, des bombes et des conseils pour exploser les aéronefs en vol, capturer les paquebots de plaisance, mieux abordables que des torpilleurs, et mieux rentables pour qui voulait en tirer une rançon ; il enseigna à trafiquer les otages, à les torturer, à les monnayer, parce qu'il possédait la vendetta dans le sang. Les moins étonnés par cette fougue avaient été les habitants de Vezzani où courait une légende : là-bas, en Haute-Corse, on répétait depuis deux générations que Mouammar était un fils du village, que son père n'était point un éleveur de chèvres de la contrée de Syrte mais un pilote de chasse, Albert Preziozi, lequel, pour rejoindre son escadrille sur la base de Rayak, avait naguère traversé les sables libyens et y avait abandonné une Bédouine grosse du petit vampire. Voilà ce qu'on certifiait au pays des vengeances familiales, et les villageois de Vezzani montraient aux curieux le portrait du pilote accroché à la mairie ; ils en soupiraient de fierté : « Albert et Mouammar, voyez, Monsieur, comme ils se ressemblent... »

Qu'ils se ressemblassent ou pas, la lutte du trublion bédouin dura longtemps, mais un jour vint où, fatigué de la détestation universelle, il décida de devenir respectable pour se faire admettre parmi les peuples éclairés. Ce fut ainsi qu'il relâcha des infirmières bulgares cuites à petit feu pendant des années, et il en fit profiter Notre Prince Lumineux, arrivé toutefois bon dernier dans les âpres négociations, mais qui en tira tout le fruit, ce que nous avons raconté par le menu dans le Premier Livre de cette Chronique. Pour remercier le calife de Tripoli de lui avoir permis un éclat dont elle tira gloire, Sa Généreuse Majesté l'avait invité en visite officielle à Paris afin qu'il brillât à son tour aux yeux de l'univers, et qu'on pût le fréquenter ouvertement sans honte. Hélas, l'initiative peu réfléchie s'avéra fâcheuse pour Notre Rapide Monarque ; il n'avait jamais su mesurer les conséquences des décisions qu'il prenait à la va-vite sans consulter quiconque.

Mouammar débarqua un lundi de décembre avec une flotte automobile et trois cents courtisans de sa suite, dont un bataillon d'amazones joufflues en tenues léopard. Il rangea devant le perron du Château son interminable limousine blanche aux vitres blindées, et ce blindage soulignait son rang, cela seulement, puisque aucun despote n'a jamais été tué par balle *à l'intérieur* de sa voiture, et puisqu'une bombe bien posée n'a que faire de cette protection, comme le démontra en son temps l'attentat réussi contre l'amiral Carrero Blanco, dans la Madrid policée de M. Franco : sa Dodge excellemment blindée fut soulevée par l'explosion, disparut dans un dense nuage de fumée, sauta de vingt-sept mètres pour retomber de l'autre côté d'un couvent de la rue Claudio Coello ; un jésuite qui feuilletait son bréviaire crut à une hallucination lorsqu'il vit passer devant sa fenêtre la grosse auto tordue en accordéon, toute fumante, qui s'écrasa dans la cour. Cette digression sur le blindage, considéré comme un signe extérieur d'importance, entend signaler ici que chaque détail comptait pour Mouammar le Cruel, et que chaque détail relevait d'une esbroufe maîtrisée, d'une imagination vaste, fertile, déréglée, poussée par une audace effrénée.

Dès le premier moment qu'il fut sur notre sol, il trouva le moyen d'être plus voyant, plus remuant, plus histrion que Notre Electrique Souverain. Sous le prétexte qu'il emmenait partout ses coutumes avec lui, il exigea qu'on plantât sa gigantesque tente beige dans un jardin en face du Château, quand lui allait loger à l'hôtel Marigny dans une suite façon Louis XVI. Pire ! c'était à l'époque où des escouades de la maréchaussée traquaient les tentes que les sans-logis avaient essaimées dans la ville pour ne pas mourir gelés. Sa Majesté en rageait et demanda au chevalier de Guaino, qui lui enseignait la civilisation en même temps que l'art oratoire, de qui leur hôte se moquait.

— De personne, Sire, et de vous moins qu'un autre, me semble-t-il...

— Il est nul, avec son camping sur nos pelouses !

— Ainsi le veut la tradition bédouine, Sire.

Pour prouver ce qu'il avançait, le rutilant chevalier tira de sa bibliothèque un album des aventures de M. Tintin auxquelles il se référait en permanence afin d'y comprendre mieux le monde. Il ouvrit *Coke en stock* à la page 6, où il avait glissé un signet, et il expliqua avec l'assurance de celui qui sait :

— Sire, voyez la tente que les gardes du jeune prince Abdallah ont installée dans le grand salon de Moulinsart, ils tirent sur leurs narghilés, ils ont poussé les meubles et les bibelots, fiché un poignard sur le parquet ciré et font rôtir une volaille à la broche avec des airs mauvais. Quand le capitaine Haddock lève la main sur cette graine de chenapan d'Abdallah, qui a eu le temps de le faire tomber dans l'escalier, de l'arroser et de briser sa pipe avec une fléchette à ventouse, les gardes l'en empêchent, on ne touche pas au fils d'un émir, et le capitaine s'emporte, tenez, lisez son texte : « Tu te figures, espèce de moule à gaufres, que je vais permettre à ce petit choléra de faire les quatre cents coups chez moi ? »

— Là il a raison, ton capitaine.
— Mais il ne donnera point de fessée au chenapan. A chose faite, il n'y a point de remèdes...
— Ça veut dire quoi tout ça ?
— Qu'il faut subir en silence les farces de l'invité personnel de Votre Majesté.
— Mais y va foutre le souk !
— Sire, songez aux milliards que vous espérez lui ravir, songez aux contrats.
— Ah oui, les milliards des contrats...

Notre Prince Fougueux s'était embarrassé jusqu'à changer plusieurs fois de visage, mais il entendit avec une infinie sagesse la raison financière en ordonnant qu'on ne bronchât point. Horreur ! Mouammar le Cruel posa sitôt d'autres problèmes qui semèrent le désarroi. D'abord, la date de son voyage était fort mal choisie, des amateurs avaient dû s'en mêler, puisque le lundi de son arrivée coïncidait avec la journée internationale des droits de l'homme, droits que le Bédouin ne savait que par ouï-dire et négligeait avec superbe. La veille, en escale à Lisbonne où il n'avait pas eu le loisir de monter sa tente, il avait déclaré à une tribune qu'il comprenait les faibles qui posaient des bombes pour se faire entendre des puissants, car ils n'avaient d'autre moyen, ce qui empuantit lourdement l'atmosphère et souleva de tous côtés des protestations criardes ; Notre Furieux Monarque fut contraint de défendre son invité : « C'est facile, hein, de donner des leçons d'droits de l'homme à la terrasse du café d'Flore et dans des endroits aussi chic que ça, alors que c'est quoi qu'y font, les intellectuels de Saint-Germain-des-Prés, ben rien, y'font rien et moi je fais ! »

M. Kouchner, comte d'Orsay, qui se cherchait un emploi d'apparence en sillonnant la planète pour pas grand-chose, voulait porter haut son blason tout neuf, deux couleuvres d'or tortillées en caducée sur fond de gueule, qu'il semblait avoir obtenu aux Affaires extérieures, parce qu'il se bouchait les yeux, les oreilles et le nez quant aux Affaires intérieures où l'on contredisait ses idéaux d'autrefois, sur quoi reposait sa notoriété. La proximité de Sa Majesté suffisait à le combler, aussi la suivait-il en toutes occasions, la relayant avec force clairons afin de justifier l'imprévisible calife que naguère il détestait : « Nos industriels doivent abandonner le marché libyen à leurs concurrents ? Et puis Mouammar le Cruel est désormais moins cruel, n'a-t-il pas renoncé à l'arme atomique ? » Certes, mais le comte omettait de préciser que le Bédouin n'avait jamais eu les moyens techniques de fabriquer ladite bombe. Peu importait au comte, sa fidélité à Notre Tonitruant Leader était d'un pur métal, et il adorait s'afficher à ses côtés, chantant fort avec lui les refrains de M. Gilbert Bécaud, ou bien courant avec lui en petite foulée pour le saint jogging du matin, même lorsque ce rituel se fit plus discret : ne le vit-on point, dans un Novotel du Portugal, attendre en short au pied des ascenseurs Sa Majesté qui ne vint pas ?

Par ses déclarations tortueuses, le comte d'Orsay illustrait le nouveau régime. Il disait par exemple et sans rire, en disciple authentique du très philosophe M. Pierre Dac : « Je n'ai pas quitté la Gauche, j'ai rejoint Nicolas Ier qui commande la Droite. » Le comte disait encore que Mouammar était sur la voie de la rédemption, mais il évita sous un prétexte le nez à nez du dîner officiel, ce dont fit semblant de s'étonner un vizir perfide : « Le comte d'Orsay est venu à Tripoli, il a repris trois fois de la semoule aux pois chiches, et maintenant il ne veut plus nous voir ? Il me fait toujours un grand amusement, il dit quelque chose le matin et le contraire le soir. » Par honnêteté, il faut préciser que le comte n'était point l'unique ministre absent de ce couscous aux légumes qui dura moins d'une heure ; on y vit plutôt des sous-fifres mandatés pour faire nombre, et surtout un régiment d'affairistes qui parlaient en euros.

Pendant une semaine entière, Mouammar, s'imposant chez nous en touriste, éclipsa par ses extravagances Notre Pétillant Monarque ; un député confia aux gazettes qu'il lui rappelait le peintre Salvador Dalí, réputé pour ses clowneries. Le mardi il se rendit en cortège à l'Assemblée et rencontra dans un salon une vingtaine de représentants triés, puis il fila à l'hôtel Ritz pour plastronner devant des intellectuels dont on ne sut pas les noms, ainsi que devant des notables dont le professeur en Sorbonne qui avait dirigé la thèse de sa fille Aïcha. Il leur parla de Jésus, lança des imprécations contre l'Amérique et signa son recueil de poèmes. Le même soir il était à l'Unesco dans un amphithéâtre bondé ; s'il eut droit à l'ardente ovation d'une foule en boubous colorés, c'était que la plupart de ces enthousiastes avaient été amenés en car d'un foyer de la Sonacotra, embauchés pour la claque et moyennant salaire. Mouammar relança le lendemain son offensive en exigeant *in extremis* une promenade sur la Seine ; notre Préfecture dut fermer tous les ponts pour laisser flotter en dessous le lent bateau-mouche requis, parce que des malséants auraient pu, depuis le parapet, jeter un vilain crachat mouillé ou un bâton de dynamite sur le chapeau traditionnel du Bédouin. Il y eut d'autres embarras, des avenues interdites, des sirènes, des policiers fébriles quand le Grand Gêneur visita le musée du Louvre au pas de charge ; la Vénus de Milo lui parut bien abîmée. Il fallut ensuite satisfaire de nouvelles lubies, organiser une chasse royale à Rambouillet, dont Mouammar profita peu : il manqua à bout portant les trois lapins malades et le faisan empaillé que des rabatteurs costumés en buissons lui envoyèrent dans les jambes. A Versailles, qu'on vida pour lui de ses visiteurs ordinaires, qui ne furent point remboursés de leurs tickets, il posa en doudoune fourrée et chapka devant le trône de Louis XIV, et, dit-on, la phrase en arabe qu'il calligraphia bellement sur le Livre d'Or, une fois traduite, révéla une bordée d'insultes saignantes et divers jurons.

Au long de cette épouvantable semaine, le Bédouin obtint partout la une des gazettes, ce qui plongea dans l'ombre et le ridicule Notre Prince Adulé, lequel se sentit dépouillé autant qu'un cerisier sur quoi se serait abattu un nuage d'étourneaux ; il lui échappa quelquefois des monosyllabes de plaintes amères là-dessus, mais il prit soin de ne plus se montrer en compagnie du fâcheux Libyen, qui avait levé le poing sur le perron du Château, et de ne point répliquer aux affreusetés dont il parsemait ses discours. Ainsi, devant une assemblée tout entière féminine, dignement reçu par une jeune Vendéenne en crinoline du Grand Siècle, Mouammar évoqua la condition tragique des femmes d'Occident, et lorsque le sournois consentit à prononcer l'expression de *droits de l'homme*, ce fut pour demander si les immigrés, chez nous, étaient respectés ou menottés. Avant de s'en aller, il lâcha encore une flèche qui transperça de part en part Notre Merveilleux Souverain : « Pourquoi me recevez-vous comme ça ? A Tripoli, quand on reçoit, on reçoit bien. Ou alors, il ne fallait pas me faire venir. »

La visite officielle, prolongée en visite privée, arriva à son terme un samedi, et Notre Audacieux Monarque sentit toute la douceur de cette perspective, qui le délivrait d'une servitude secrètement insupportable. Pour expliquer son calvaire, et poser en victime plutôt qu'en dupe, Nicolas Ier se gonfla comme un dindon et dit qu'il fallait parfois supporter le pire pour empocher dix milliards d'euros de contrats, quand bien même aucun n'était réellement signé, tandis que Mouammar, sans bruit, sans exigences, fit escale deux jours en Espagne où il accorda des contrats plus gros encore pour des hôpitaux, des trains et des usines, parachevant le portrait de Notre Exquise Majesté en bouffon.

Quelques pauvres mois après son glorieux avènement, on l'aura compris, cet épisode aussi scandaleux que loufoque entamait grandement la bonne fortune dont Sa Majesté avait joui ; le Bédouin n'avait cessé de le contredire avec ses déclarations raides où pointait le narquois ; ses insolences avaient sonné à la façon d'un glas, et, comme pour verser de l'acide sur une blessure ouverte, au même moment, après s'être enfuie très colère du Château, l'ancienne Impératrice Cécilia peignait les noirceurs de Notre Prince Rejeté, le montrait en radin, volage, père au cœur sec et sans vraie noblesse, mal fait pour régner. Il dédaignait ces piques mais ne s'en lamentait pas moins à part soi : malgré sa hautesse, Nicolas Ier restait officiellement solitaire. Bien sûr, il appelait l'une de ses favorites lorsqu'il faisait un cauchemar nocturne ou n'arrivait point à s'endormir dans sa couche devenue trop large, et il eut même recours, selon les mauvaises langues, à des instituts qui lançaient à la foule des noms de mannequins ou d'actrices fraîches pour connaître celles qui seraient le mieux capables de remplacer l'Impératrice disparue. Selon un principe fondateur du nouveau régime, en effet, un événement éclatant devait gommer un événement calamiteux ; il fallait recouvrir au plus tôt la terrible visite du Bédouin par une bluette afin d'éblouir ou d'attendrir le peuple, c'est-à-dire de lui rincer à grands jets la cervelle.

Ce fut la radieuse apparition de la comtesse Bruni.

Elle créa la surprise le samedi 15 décembre, quand Notre Souverain s'afficha avec elle dans la cohue d'un parc d'attractions. Pour cette révélation, Notre Grand Protecteur des Arts et des Lettres, préférant la souris Mickey à la princesse de Clèves, avait choisi la fête foraine vulgaire et sucrée de M. Walt Disney, d'où les enfants sortaient plus ramollis du bulbe et leurs parents moins argentés puisque tout y était tarifé, jusqu'à l'obligatoire portrait avec le malheureux précaire qui étouffait sous la défroque d'un gros canard en costume marin. Une dizaine de photographes prévus assaillirent le couple consentant avec des flashes, et cette première sortie s'accompagna du grand tintamarre des gazettes mondaines et populaires, dont les titres, sous les images radieuses d'une comtesse qui souriait en professionnelle, comme une princesse de roman-photo italien, transformèrent le peuple en public voué aux seules apparences.

La comtesse Bruni était extrêmement longue, la gorge nulle, des cheveux longs et plats, le visage poli comme une pierre, sans la moindre imperfection, presque effrayant tant la peau était lissée. Elle avait beaucoup d'esprit, plaisante, complaisante, tout à tous pour charmer, tournée au romanesque tant pour elle que pour autrui. Elle était intrigante pour se distraire et par nature car elle venait d'Italie comme Dante et Polichinelle, sautant avec une jolie facilité du XVIe arrondissement au XVe siècle, jusqu'à cette Renaissance dont elle aimait le relâchement des mœurs, et prenait ses modèles sur les viragos d'alors, la Vénitienne Cassandra Fedele qui écrivait des *canzoni*, sonnets amoureux fermes et précis, la Milanaise Catherine di San Celso qui savait la musique et touchait des instruments.

La comtesse Bruni se disait vouée à la Gauche mais par son épiderme seulement, car elle en imposait surtout à cause de sa fortune et de ce maintien qu'on attribue à qui a toujours vécu entouré de valets, de porcelaines Ming, de meubles peints, de chandeliers bronze et cristal qui auraient éclairé Napoléon, foulant de l'escarpin des tapis à personnages et des escaliers en marbre blanc, courant de châteaux historiques en villas géantes sans jamais quitter les beaux quartiers. Grandie près de Turin, près de la tour Eiffel, près de Monaco, entourée de célébrités dès l'enfance, la comtesse n'avait point l'étonnement facile et on devait plier devant ses envies. Au vrai, elle s'était contentée d'hériter d'un père lui-même héritier d'une multinationale du pneu, d'un père qui composait des opéras et avait acheté naguère le manteau à fleurs de lys dans lequel le roi Louis XV, disait-il, avait été enterré, et qu'il souhaitait pour son propre linceul en parfaite modestie.

Notre Piaffant Divorcé avait déjà croisé la comtesse, mais tenu à distance puisqu'elle prévenait que son cœur était social, que jamais un soupirant venu de la Droite n'y entrerait. Il la rencontra cependant, moins farouche, lors d'une soirée arrangée par un Transfuge qui choyait jadis le roi Mitterrand ; ce publiciste verbeux, décati, bronzé pour l'éternité à la lampe, organisait des soupers et de menus plaisirs aux puissants qui entretenaient son aisance. La comtesse plut fort à Notre Ténébreux Leader par son filet de voix rauque, quand elle joua de la viole pour susurrer des couplets frondeurs :

> *Je m'imagine qu'il prendra*
> *Quelques nouvelles amantes*
> *Mais qu'il fasse ce qu'il voudra*
> *Je suis la plus galante…*

Dangereuse et parfaite, l'un à cause de l'autre, la comtesse Bruni prenait en chantonnant un air d'attention marquée, même si, quand elle fronçait des sourcils dessinés, son front demeurait sans ride et son sourire immobile comme celui d'une statue. Elle savait travailler son regard bleu pour isoler sa proie et lui faire entendre, sans plus de mots, que le fasciné était fascinant et qu'il devenait le plus important du monde. Pendant cette soirée, la comtesse et Notre Majesté s'isolèrent la plupart du temps pour causer, et on ne sut trop qui était la proie de l'autre. Notre Guide Suprême s'emballait pour cette chanteuse en vogue dont les sondeurs lui avaient parlé pour remplacer l'Impératrice Cécilia, et le goût de la comtesse était de voltiger en connaissances et en amis. Elle semblait penser que ce petit monarque nerveux était bien singulier, que l'essentiel relevait de ce pouvoir qu'il avait d'appuyer presque à sa guise sur le bouton atomique, raser des villes et des pays par simple bon vouloir, ce qui était inédit dans la collection d'hommes déjà constituée par elle au fil des années, et cela l'enflammait. Comme la soirée finissait, la comtesse dit à Sa Majesté d'une voix caressante :

— T'as une bagnole ?

— Une douzaine, j'en ai une douzaine au bord du trottoir.

— Tu me ramènes ?

Notre Prince Eblouissant, cette nuit-là, ramena la comtesse à la porte de son hôtel particulier discret, sans laquais ni flambeaux mais en cortège, et ils avaient assurément beaucoup parlé puisque le lendemain matin, appelant l'entremetteur pour le remercier, Sa Majesté eut d'entrée cette phrase d'un romantisme fougueux qui affirmait le coup de foudre :

— Dis donc ! Elle est pétée de thunes !

Notre Maître aimait en tout la splendeur, la magnificence, la profusion, même s'il cousait ensemble le beau et le vilain auxquels il ne voyait pas la moindre différence, pourvu que cela se remarquât, car lui importait d'abord la valeur monétaire des choses et des gens. Il parvenait ainsi à épuiser tout le monde, ne mesurant la vie qu'à cette aune, poussant le luxe en honneur, et il réduisait sa Cour à dépendre entièrement de ses bienfaits pour subsister.

Selon les calculs de Sa Perspicace Majesté, les gens se passionnèrent à en oublier leurs maux, attentifs au plus léger détail, et les gazetiers les plus sérieux se changèrent malgré eux en chroniqueurs mondains : avez-vous remarqué que la comtesse porte une bague identique à celle de l'ancienne Impératrice, le modèle Cupidon de chez M. Dior ? Il fallait tout voir, tout savoir, aussi Notre Exaltant Souverain faisait-il souvent mine de se plaindre ; on le suivait, on le guettait, on l'épiait, on le harcelait, mais il en était au-dedans de lui plein de ravissement, puisque la présence des chasseurs d'images n'avait rien de spontané. Suscitant un pareil emballement, l'exagérant, la comtesse devint elle-même un gibier en or pour les amateurs de familles régnantes qui trouvaient du croustillant aux altesses.

Un voyage, qui avait pour raison officielle la rencontre entre Sa Majesté et le pharaon Moubarak Ier, fut précédé d'une escapade égyptienne fort galante et fort préparée, laquelle donna leur pitance aux faiseurs de potins. Le Prince et la comtesse, au lendemain de Noël, descendirent à Louxor d'un Falcon 900 immatriculé F-HBOL qu'avait prêté un aimable milliardaire, pour que la France fît des économies, disait Sa Majesté, mais un autre aéronef de l'Etat suivait avec une lourde escorte, et un autre encore, pour attendre sur les pistes en cas d'urgence, et cela coûtait en stationnement cinq mille euros de l'heure ; quiconque le rappelait se voyait traité de médisant.

Notre Gracieux Leader voulait qu'on l'hébergeât à l'Old Cataract, dans la suite qu'avait souvent occupée le roi Mitterrand à cette même époque de l'année, mais l'hôtel emblématique était en réfection et la Mercedes impériale, suivie par seize autres voitures, se rangea devant un autre palace plus victorien de style. Le quartier était fermé par de sévères policiers, la bordure des trottoirs repeinte, les vélocipèdes en stationnement chassés de la corniche que bordaient des palmiers spectaculaires, le trafic des felouques réduit sur le Nil. On vit dans tout l'univers les images de cette arrivée paisible ; le Prince et la comtesse se tenaient par la main, ils avaient des lunettes très noires, lui le col ouvert, une démarche de mafioso ; derrière la balustrade du perron, il se retourna pour un bref signe de la main aux gazetiers autorisés ; chacun put alors admirer à son poignet le métal de la Rolex qui étincelait au soleil comme le bracelet d'un prêtre d'Osiris.

Le programme de la visite ressembla à celui des touristes pressés qui font l'Egypte, ne regardent rien intensément mais se chargent de cartes postales pour revivre chez eux leurs vacances. Le Prince et la comtesse marchèrent dans la Vallée des Rois, entourés d'une nuée de policiers en chemisettes et de gazetiers embusqués, ce qui permit un lot important de clichés à la fois spontanés et posés comme pour un magazine. Il fallait montrer une image du bonheur, mais les deux stars n'eurent point les émotions que le jeune M. Flaubert éprouva devant les représentations fantastiques ou symboliques barbouillées sur la pierre des temples, que Sa Majesté considérait d'un œil, comme les tags des boulevards périphériques : serpents à plusieurs têtes qui marchent sur des pieds humains, têtes décapitées qui naviguent, singes qui traînent des navires, rois sur leurs trônes avec des visages verts et des attributs étranges, Notre Touristique Leader ne retint pas grand-chose, sinon qu'il faisait chaud en hiver dans ces collines sablonneuses, et que ses lunettes de soleil étaient des lunettes d'aveugle. Comme partout, il évitait de s'interroger. Le roi Mitterrand qu'il semblait parfois imiter, dans ces mêmes parages, peuplait ses méditations de fantômes ; il savait, lui, que Louxor s'appelait Thèbes dans les temps très anciens, et qu'un énergique pharaon de la douzième dynastie, Amenemhet Ier, en avait fait sa riche capitale. Là où ne survivaient que masures, sable et cailloux il y avait une cité éclatante, des palais, des promenades, des lacs artificiels, des temples couverts d'or, des marchés qui recevaient les étoffes, les épices et les objets du monde. Quand le roi Mitterrand apprenait ici l'impermanence des choses, Notre Prince Brillant ne songeait qu'à paraître. A Louxor il aurait cependant pu songer, de la fenêtre du Winter Palace, que Khéops avait réduit son peuple en esclavage pour construire sa pyramide et amener jusqu'au Nil des blocs de pierre d'Arabie ; il aurait pu rêver à Kephren qui régna cinquante-six ans avec un faucon sur sa coiffe royale ; il aurait pu prévenir son Grand Instructeur, ce chevalier d'Arcos très soucieux de remodeler l'école, que cinq mille ans avant nous, à la fin de l'ancien empire égyptien, le sage Ipuwer se lamentait sur les mêmes thèmes que lui avec des soupirs identiques : « C'est la décadence, les enfants n'obéissent plus, le langage se détériore, les mœurs s'avachissent. » Notre Véloce Majesté n'avait aucun sens du relatif, comment aurait-elle pu tirer une leçon du passé ? Par intuition et dureté naturelle, elle suivait sans les avoir appris les conseils du fondateur de Thèbes : « Endurcis-toi contre tes subordonnés... Le peuple appuie celui qui le terrorise... N'aie pas d'amis... » Les plus habiles des observateurs savaient cependant discerner le cœur d'un homme à la façon dont il bouge et respire, aussi les Egyptiens notaient-ils l'arrogance de Notre Fulgurant Leader qui s'offrait des vacances de luxe, ce qui le faisait ressembler à l'avide Sir Tony, le chef des Anglais, lequel se prélassait à bord d'un vaisseau en août de l'année 2006, lorsque des terroristes mettaient Londres en feu. Certains autres montraient en exemple le chef des Italiens, le simple M. Prodi, qui se contentait d'une station balnéaire de la Toscane et s'y rendait au volant de sa Fiat familiale, un vélo sur le toit.

Notre Monarque, étourdi par lui-même et enivré de son pouvoir tout frais, ne voyait que le sourire de la comtesse sur toutes les couvertures de toutes les gazettes : *La dame de cœur du Prince*, *Une incroyable histoire*, *L'idylle qui tombe à pic*... « Ma fille vit une authentique histoire d'amour », confiait Mamma Marisa, la mère de la comtesse. Ancienne pianiste de concert, très présente, celle-ci avait l'œil de maquignon des éleveurs du Piémont qu'on rencontre à la foire, quelque chose de paysan en elle qui soupesait les avantages et les inconvénients d'une vente de bestiaux, jaugeant pareil les prétendants ; elle voyait en Sa Majesté un divertissement de choix pour sa fille, avec à la clef le rôle enviable d'une Marie de Médicis mâtinée de Grace Kelly, et elle en causait d'abondance, évoquait un mariage, y poussait. Notre Hyper Sentimental Monarque ordonnait de son côté des études pour sonder l'opinion à ce propos, savoir ce qu'on pensait d'une éventuelle union, comment pouvait augmenter la ferveur dont il jouissait. Le résultat fut que cela passionnait la foule tout en l'intriguant. Notre Prince Radieux ne put se fermer les yeux sur cette vérité bienvenue et il laissa courir les bruits du mariage, en même temps que des images tendres faussement capturées sur le vif.

Les mieux lettrés expliquaient la bizarrerie de cette union déclarée en citant un passage de M. de La Bruyère qui paraissait s'y référer intimement : « A juger de cette femme par sa beauté, sa jeunesse, sa fierté et ses dédains, il n'y a personne qui doute que ce ne soit un héros qui doive un jour la charmer. Son choix est fait : c'est un petit monstre qui manque d'esprit. » La fine observation du moraliste ne suffit point à convaincre l'entourage de Sa Déconcertante Majesté, mais réussit à l'inquiéter. Les mieux politiques, les yeux fixés à terre, et reclus en des coins, méditaient profondément aux suites d'un événement si peu attendu et bien davantage sur eux-mêmes. Les courtisanes en grâce et en place redoutaient l'intruse qui allait diminuer pour elles les faveurs de Notre Salace Leader, et sans doute les écarter. Il y eut un souffle de panique au Château. Des malveillants prétendaient savoir le passé ombrageux de la comtesse ; dans les antichambres, dans les salons, sous le sceau du secret, des informateurs masqués enfilaient des anecdotes pour éclairer les ignorants :

— Mlle Bruni, disait l'un de ceux-ci, n'avait que quatre ans qu'on vit bien que ce serait une beauté, mais elle eut très tôt à souffrir du complexe d'Ava Gardner.

— Qu'est-il donc, ce complexe ? demandait un autre.

— La jeune Ava Gardner ne voyait jamais ses parents que de dos, ils ne la regardaient jamais.

— Ils lui tournaient le dos ?

— Ils s'affairaient à leurs tâches et ne la considéraient point. Jamais un regard. Voilà pourquoi, plus tard, Ava Gardner fut une considérable vedette du cinématographe...

— Pour qu'on la regarde ?

— C'est cela. Le cas de la comtesse est identique. Son père, quand elle entrait dans une pièce, posait son regard sur un bibelot, un lustre, le paysage par la fenêtre, mais jamais sur elle, Monsieur, jamais.

— Je comprends. Elle se lança dans des occupations publiques pour être le point de mire de milliers d'yeux…

— Modèle d'abord, puis chanteuse, elle collectionna les hommes avant de les jeter comme serpillières pour se venger de l'inattention paternelle.

— Affreux !

— Oui, Monsieur, affreux. La comtesse va ficeler Notre Tendre Souverain, vous verrez, avant de l'écraser aux yeux de l'univers comme les étourdis de tous les styles qu'elle a consommés et laissés en loques. C'est le Diable, je vous dis.

— Satan l'habite, lança finement un gentilhomme officieux de la Cour, un malin, un drôle qui flattait les côtés les plus grivois de Sa Majesté. C'était un artiste aux épaules de lutteur forain, massif de sa personne, le poil ras, la lippe volontiers grimacière, avec une voix grasse pour débiter salement des historiettes sales qui faisaient pouffer le populaire. Ce M. Le Grossier du Bigard tenait commerce de gauloiseries et Notre Si Raffiné Prince appréciait fort sa compagnie puisqu'il lui faisait allégeance et savait remplir de cent mille personnes, pour qu'on écoutât ses cochoncetés, le gazon et les gradins du plus vaste de nos terrains de sport, à Saint-Denis, aussi disait-on qu'il était directement passé du stade anal au stade de France.

Or Sa Majesté vivait comme sur un cumulus, n'ayant le cœur qu'à la comtesse ; les ragots sur elle ne lui parvenaient point, ni les mines défaites de ses anciennes favorites que soudain on ne vit plus guère paraître à l'avant-scène. A l'imitation de

M. Le Grossier du Bigard, le Prince devenait farce à tout propos. Au Château, il entrait souvent très hilare dans le bureau du cardinal de Guéant, son conseiller le plus proche, interrompant net un travail que celui-ci menait avec une funèbre gravité :

— Et celle de Buffalo Bill, tu la connais ?
— Non, Sire.

Son Eminence mentait, avec le sourire politique, las et contraint comme on ne l'apprenait qu'au séminaire ou dans les écoles d'administration, mais il lui fallut supporter pour la douzième fois cette blague qui faisait tomber de rire Notre Pétillant Monarque :

— Ecoute ça ! C'est un type, tu vois, qui dit de lancer six pièces en l'air, alors avec son colt il les transperce toutes avant qu'elles tombent par terre. On lui demande son nom et il dit : « Bill... Buffalo Bill ! » Et puis y en a un autre qui dit : « Facile ! Moi j'peux faire plus fort. » Tu entends ?

— Oui, Sire, j'entends...

— Alors y dit, cet autre type encore plus fortiche, qu'y peut remplir six verres en pissant dedans en même temps...

— Six verres en même temps, Sire ?

— Ouais c'est ça, alors il ouvre sa braguette, on voit qu'il a six queues. Y gagne son pari et quand on lui demande son nom il dit : « Bill... Tcherno Bill ! »

— Tchernobyl, ah ah, Sire ! fit le cardinal, navré.

Notre Immense Leader se tordit sur le canapé en tapisserie du bureau, il en pensa mourir de rire et le cardinal de désespoir, parce que chacun s'inquiétait du temps qu'il prenait à raconter des histoires de fesses ou des blagues bécassonnes. Cette désopilante manie commençait à gagner sur sa vie publique, et s'il emmena au Vatican M. Le Grossier du Bigard, ce fut principalement pour échanger avec lui, dans l'avion qui le conduisait à Rome, des plaisanteries de cette veine, lesquelles dépassaient rarement le niveau de la ceinture. Car Sa Majesté, avant Noël, visita le pape.

M. Benoît XVI portait une robe longue qui cachait ses mocassins en chevreau cerise, une capeline ourlée de fourrure, une étole à glands et végétaux au fil d'or, une calotte blanche posée sur des cheveux de même couleur, épais comme de la ouate. Cultivé sous serre et dans l'encens, il se donnait à la surface l'air compatissant d'un vieillard confit dans la piété, lorsqu'il n'était que cauteleux ; cet homme si aimable, si charmant, si délicieux, n'aimait rien que le dogme. Natif de Germanie, il était persuadé comme M. Goethe que la langue de notre continent était ce christianisme sur quoi s'exerçait son emprise, et, par esprit de complète fermeture, il poussait en enfer les orthodoxes, les protestants et tous les autres qui ne pratiquaient point un latin parfait, parce qu'il pensait que son Eglise à lui était la seule. Quand il levait sa croix pastorale pour exorciser le mal, on aurait dit qu'il menaçait de sa foudre un démon, lequel n'était que le monde où nous vivions, où il vivait si peu, claquemuré dans les dorures vaticanes. Il avait soutenu par ses prières Notre Divine Majesté, la considérant tel un Croisé qui s'opposait aux Turcs infidèles autant qu'au mariage des gens du même genre, et qui, en détestation de la République mécréante, espérait raccrocher l'Eglise à l'Etat afin qu'elle corrigeât les déviances de la société par son hypothèse d'un paradis *post mortem*.

De son côté, Notre Sacré Leader prenait la tâche de plaire à M. Benoît XVI, à ses cardinaux tout-puissants, à leur pompe et à leurs œuvres, à ses évêques qui tissaient sur le globe un utile et liturgique réseau, aux croyants et surtout aux pratiquants qui avaient appuyé son avènement au trône pour 70 % d'entre eux. Notre Prince Œcuménique avait parfois joué la comédie de l'illumination, répétant qu'il enviait les moines, mais c'était par contraste ; comment admettre qu'il pût un jour se soumettre à leurs vœux ? Pauvreté, chasteté, obéissance, méditation, silence, voilà bien ce qui l'eût à jamais anémié, puisqu'il préférait à l'inverse richesse, luxure, pouvoir, rapidité et bavardage. Il se trouvait toutefois excité en parcourant les salons du Vatican, car ils sentaient l'argent mieux que ceux des plus chers palaces, et il bichait, traînant après lui une troupe de courtisans choisis parmi les plus bigots, qu'il présenta sans rire à M. Benoît XVI dont il tenta de malaxer le bras. La cérémonie fut courte et personne n'en tira de paroles mémorables.

Au-dehors, sur la place Saint-Pierre qu'entouraient les boutiques de souvenirs sous les arcades, portraits du Saint Père sur des assiettes à spaghettis, christs en hologrammes qui clignaient de l'œil, chapelets fluorescents pour prier la nuit et gourdes d'eau du robinet bénite, Sa Majesté ne put éviter les gazetiers locaux qui s'interrogeaient d'abord sur l'absence de la comtesse Bruni, leur compatriote :

— Sire, avez-vous commencé à apprendre l'italien ?

— J'ai toujours aimé l'Italie, son ciel bleu…

Et Notre Prince souriait aux anges. Des fouineurs qui savaient la réputation de pétomane de M. Le Grossier du Bigard, que l'année précédente ils avaient cru bouddhiste, se décontractant disait-il en lotus et parlant de tantras avant d'entrer en scène une main dans l'entrejambe, stupéfaits de le voir sortir du Vatican, lui demandèrent pourquoi Nicolas Ier l'avait emporté dans ses bagages Vuitton : « Si je suis là, répondit le comique, c'est parce qu'il sait que je prie dix fois par jour. Il a dit au pape que j'étais un homme bien et que je remplissais le stade de France. » L'arrachant aux micros, Sa Vorace Majesté entraîna sa bande de dévots, dont Monseigneur Max Gallo et le Révérend Buisson issu de la droite extrême, vers une trattoria très mondaine connue pour l'excellence de ses tagliatelles, et s'y faire traduire le titre de *La Repubblica* du jour : « Nicola a Roma, la Bruni a casa. »

Notre Pomponné Souverain fut ensuite reçu devant des rangées de prélats à ceintures pourpres et visages de même nuance, dans la basilique Saint-Jean-de-Latran car il en devenait chanoine honoraire, comme cela était la règle pour chaque monarque français depuis Henri IV, un parpaillot béarnais converti par opportunisme et qui le revendiquait. Même s'il n'entra point à cheval jusqu'au chœur, ce qu'il aurait pu exiger, Notre Saint Leader lut un discours aussi emberlificoté que remarqué. On y devinait la patte du chevalier de Guaino, son porte-plume, à cause d'un flot de citations d'écrivains catholiques dont Sa Majesté avait vaguement entendu les noms au collège Saint-Louis-de-Monceau, Pascal, Bossuet, Bernanos, Mauriac. Le principal était que Notre Prince se dévoilât entièrement dans cet exercice incantatoire posant en principe indiscutable que les racines de notre pays étaient chrétiennes : « C'est par le baptême de Clovis que la France est devenue la fille aînée de l'Eglise. » Sornette ! Chromo ! Mythologie ! Fabrication ! Ce Clovis était un chef barbare superstitieux venu de Germanie ; il épousa la chrétienne Clotilde par stratégie. Sa Majesté fit ici étalage de son ignorance ou de sa perfidie ; la réalité était autre, les fameuses racines qu'il vantait relevaient de la pure politique ; voici pourquoi.

Le pouvoir de l'Eglise commença avec l'agonie de l'Empire romain d'Occident. Les évêques remplaçaient partout une administration défaillante ; ils tenaient les villes, défrichaient, inventaient les horaires de travail, bâtissaient, organisaient la société. Quand un autre Germain, Charlemagne, voulut unifier à son profit l'Europe, il lui fallut instaurer une langue commune, sinon qu'auraient pu se dire un Bavarois et un Saxon ? Au Nord on parlait germain, en Aquitaine on usait d'un patois dérivé du latin, un jargon différent dans le Frioul. Comme les évêques s'étaient installés d'un bout à l'autre de l'Empire et pratiquaient le latin, ce fut le latin qui devint langue officielle ; les évêques eurent donc la charge de l'enseigner, de former les cadres à venir, de créer des écoles et de lever des impôts. Taxes sur les transports, taxes dans les ports, taxes aux frontières, droit de passage aux écluses et sur les ponts, tout se payait et les prélats s'enrichirent. L'évêque d'Auxerre avait deux salles à manger, une pour l'été, une pour l'hiver. L'évêque de Liège introduisait des couleurs vives dans son palais et y ouvrait des fenêtres vitrées. L'abbaye de Saint-Germain-des-Prés possédait plus de trente mille hectares : l'abbé rédigeait un compte exact de ses biens, il notait les noms de tous ses paysans, la nature des redevances. Ces religieux étaient des gestionnaires qui attiraient les artisans, les commerçants, les maçons.

L'Eglise se servit de Charlemagne et Charlemagne de l'Eglise comme Clovis avant lui. L'une voulait établir la chrétienté, l'autre voulait unifier l'Europe, et leurs désirs se recoupaient ; ensemble ils espéraient moraliser, attendrir les mœurs rudes de chevaliers qui ressemblaient fort à des vachers du Texas : un noble d'Aquitaine préféra livrer sa mère aux Sarrasins plutôt que son cheval. Inceste, bestialité et racolage dominaient les foires, les lieux de pèlerinage, les palais ; deux nonnes qui étaient parties à Rome voler des reliques y restèrent pour tapiner. Afin de souder ces rustres, pensaient Charlemagne et les évêques, il fallait des lois et une morale unique. Ce fut ainsi que l'Eglise posa les fondements de son pouvoir pour des siècles.

Faisant fi d'une Histoire qu'il ne maîtrisait point, conseillé par des propagandistes culs bénis ou peu érudits, Notre Superbe Monarque imposa sa vision simpliste dans ce funeste discours du Latran. Il accusa la laïcité sur quoi nous reposions de tous les maux dont en réalité elle nous sauvait. Elle était la règle et chacun s'en portait bien. Elle affirmait que la politique publique n'avait rien à faire des croyances privées, lesquelles étaient toutes autorisées mais n'avaient pas à peser sur la marche du pays. Voilà l'équilibre que Sa Majesté entendait briser ; à l'imitation de Napoléon, elle pensait que les prêtres de toutes obédiences pouvaient devenir de fort utiles auxiliaires de police pour tenir le peuple en veilleuse. Ainsi notre morale ordinaire, qui permettait de vivre en bonne entente, devenait incompétente, terre à terre, poussant au fanatisme et niant le passé. D'où lui venaient ces lubies ? D'où lui venaient ces idées vicieuses que la majorité désapprouvait ? Sa Majesté voulait que remontassent à nos narines les vieilles fumées d'encens, et cette religion seule capable de distinguer le bien du mal ; elle eut alors une formule inspirée sans doute par sa proximité avec Johnny Walker Bush, lequel dégainait sa Bible en toute occasion : « L'instituteur ne pourra jamais remplacer le curé ou le pasteur. » Et tous les acteurs de l'école publique grondèrent quand Notre Imprudent Souverain fustigea la République qui sut trancher, en 1905, le lien malsain entre religion et politique. Disant ces choses, Notre Brutal Monarque ravivait des querelles enfouies et semait la discorde. Il ressemblait soudain à ce petit garçon auquel on offre un pantin, et qui se rue dessus, le frappe, lui arrache les bras, lui dévisse la tête en criant : « C'est un homard ! C'est un homard ! » Il prenait à casser un plaisir diabolique.

Chapitre II

L'année s'ouvre sur des contraintes. – « Moi je. » – M. de Joffrin souffleté en public. – Courte vue du Monarque sur la monarchie. – Désolant état du trésor impérial. – Sa Majesté désavouée. – Les pétards de M. Attali.

Toujours ardent à rompre avec les mollesses de l'ancien régime, Notre Sublissime Leader se prêta néanmoins à l'antique rituel des vœux, et il eut les mêmes mots que ceux qui l'avaient précédé sur le trône, à savoir qu'il comprenait les sacrifices, les drames et les attentes de chacun, mais que le temps allait s'éclaircir. Il ajouta qu'il fallait désormais passer à une seconde étape, comme si nous avions saisi en quoi consistait la première, laquelle avait ressemblé à un tourbillon. Même si le temps du prêche avait été bienheureusement raccourci, le texte ne s'éleva jamais au-dessus des généralités d'un exercice d'usage et fort creux ; lorsque Sa Majesté évoqua en coin de phrase sa politique de civilisation, s'adressant par là à une nation hautement civilisée où une femme mourait tous les trois jours sous les coups de son compagnon, de préférence devant les enfants, cela put apparaître comme un lâcher de fumigènes. Pour débiter son chapelet de sentences floues, Notre Hypnotique Souverain parut très mécanique dans son élocution, et, n'ayant aucun vrai résultat à offrir, il ne sortit point des brumes ; on crut même qu'il contemplait le vide alors qu'il suivait des yeux les lignes écrites qu'on lui présentait en lecture, ce qui enlevait naturel, conviction et chaleur au ton.

Son Impatiente Majesté avait une dangereuse manière de penser. Avec une effective candeur, elle se persuadait quelquefois de choses absurdes, et les voulait persuader aux autres. Les raisonnements détournés, l'abondance de vues, une rapide mais naturelle escalade de notions dont elle ne reconnaissait pas l'erreur était tout à fait de son génie brouillon. Si le Prince, à propos d'injustices graves, parlait d'urgence, c'était pour avoir l'air de s'inscrire dans le sérieux, mais avoir l'air seulement puisqu'il continuait à sautiller ; quand il empruntait son idée de civilisation à un penseur social qui, en vérité, voulait signifier le contraire de lui, opposant l'humain à l'économique, la qualité à la quantité, Sa Majesté n'en avait cure, persuadée que l'effet des mots suffisait et que, derrière, on y fourrait ce qu'on voulait.

L'année débuta sous le signe de la prohibition. Il s'agissait de réformer la société par la contrainte et le retour en tous domaines du Père Fouettard. Dès le 1er janvier aux premières lueurs du jour, les amateurs de tabac, dont les taxes enrichissaient l'Etat, n'eurent plus le droit de fumer dans les lieux publics et couverts ; des panneaux le répétaient à satiété, des menaçants haut-parleurs le hurlaient dans les gares, dans les aéroports, partout, et le danger des cigarettes sembla plus important que celui des bombes, des mitraillettes ou des colis piégés. Ce fut au nom de l'hygiène que les nouveaux vertueux, une engeance qui se mettait à fourmiller, regardèrent d'un œil méchant ces fumeurs transformés en assassins. Les autorités impériales encourageaient la délation, et des comités de vigilance s'organisèrent dans les bureaux ou dans les cafés pour dénoncer leurs voisins et leurs proches aux patrouilles de policiers qui reniflaient le monoxyde de carbone. En haut lieu on se congratulait puisque à cause du prix très augmenté des cigarettes, l'usage de l'infernal tabac régressait chez les jeunes, mais le prix de la cocaïne baissait et devenait mieux accessible aux lycéennes et aux lycéens, comme d'autres substances, le cannabis hilarant, l'ecstasy, les champignons hallucinogènes ; le dernier jeu des adolescents consistait à se saouler très vite à l'alcool jusqu'à tomber dans le coma. On vérifia ainsi que toute prohibition entraînait des effets pervers redoutables, on reparla de M. Al Capone et de ses distilleries clandestines de Chicago où il fabriquait sans contrôle un whisky frelaté et mortel, on se souvint de ces trafiquants de marijuana dont les bateaux étaient sans cesse arraisonnés au large de la Floride, lesquels se reconvertirent dans le commerce plus facile et plus rentable de l'héroïne, parce qu'il fallait moins de place pour cacher des sachets de poudre que des ballots d'herbe. Tandis que les fumeurs énervés se regroupaient cet hiver-là au pied des immeubles, emmitouflés, battant la semelle sur les trottoirs, Sa Majesté Impériale Nicolas Ier, dans une gazette qui faisait chaque semaine sa propagande, allumait un cigare voluptueux sous les ors du Château.

Une fois que devenu Monarque il eut atteint les sommets, il ressentit l'ivresse des cimes, cet air raréfié qui chamboule jusqu'aux plus avertis, et là, dans cette contrée où rien ne pousse, si pelée, si glaciale, il se concentra sur lui-même en effaçant le monde, non point par la pensée car il en ignorait les ressources, mais par le puissant désordre de ses actes ; en fait il ne songeait qu'à lui à chaque seconde, s'admirait tout seul et méprisait ce qui n'était pas lui, traitant même ses plus fidèles de charlots ou de nuls, et disant des incertains qu'il espérait enchaîner par des caresses, des médailles, des biens : « Ces connards vont me baiser la babouche ! » Chacun de ceux qu'il avait nommés dans sa proximité, à l'audience des ministres du mercredi, avait étudié *L'Art de ramper*, un court texte déniché dans les manuscrits de feu le baron d'Holbach, qui exposait la méthode pour lécher les puissants : « Un bon courtisan ne doit jamais avoir raison... Il doit avoir l'estomac assez fort pour digérer tous les affronts que son maître veut bien lui faire... Il faut que les mensonges les plus impudents ne produisent aucune altération sur son visage... » Les courtisans essayaient tous de se hisser au diapason du comte d'Orsay, lequel était très supérieur dans la louange, avec la foi des nouveaux convertis à la Droite, car il savait verser de la vaseline par pots entiers dans les oreilles du Prince :

— Sans flagornerie, Sire, disait le comte en s'arrondissant comme un loufiat, votre dernière intervention a été admirable.

— Admirable, reprenaient les autres en chœur.

— Sans flagornerie, jamais je n'avais entendu un discours mieux senti que le vôtre, Sire.

A ce jeu, bientôt, Sa Trépidante Majesté ne supporta plus une once de critique, puisqu'elle était chantée la meilleure en toutes choses, et, accoutumée à dominer, n'écoutait plus personne ; moins encore cette astrologue venue exprès d'Amérique, Mme Meredith Duquesne, qui avait fouillé son thème astral et celui de la comtesse : elle voulait avertir Notre Eclatant Leader de ce qu'elle avait perçu dans leurs horoscopes jumelés, et elle parlait avec certitude :

— Votre Immensité, vous êtes Verseau ascendant Vierge...

— Si tu veux.

— La comtesse Bruni, elle, est Capricorne ascendant Cancer...

— Elle est malade ?

— Non non, je parle de son ascendant.

— Sa mère ? J'la connais aussi, elle a pas l'air malade.

— Nullement, Grand Roi, nullement, mais je sais grâce à mes calculs que l'année 2008 va être chaude.

— Tu l'as dit, M'dame, mais ça je sais.

— Chaude mais houleuse pour vous deux.

— De la houle comme quand la mer s'agite ?

— Un vent fort, Votre Magnificence, très fort, et en septembre 2009 j'ai clairement vu une rupture.

— Rupture, okay, ça c'est mon truc.

— Je veux dire, Votre Splendeur, que vous allez rompre avec la comtesse...

— Jamais, vieille folle !

— Ou la comtesse avec vous...

— Dégage, toi, la sorcière, avec tes cornichonneries à deux balles. Quoi alors ? C'est toi qui décides ? Eh ben non, faut t'y faire ! Tire-toi !

Cajolé par la comtesse, Notre Stupéfiant Souverain se rassasiait de son pouvoir, qu'il entendait étendre jusqu'aux limites de l'absolutisme, et il n'acceptait autour de lui que bêlements et génuflexions. Lorsqu'il rentrait dîner chaque soir au logis de la comtesse, c'était avec une grande démonstration de gardes en tenue de parade, vestes blanches et fourragères, pour ouvrir la route de sa limousine aux vitres teintées, et sa police barrait les carrefours à grands gestes et force sifflets afin qu'il mangeât chaud le minestrone. Les déshérités devaient se réjouir de son bonheur, mais sur son parcours bruyant, beaucoup haussaient les épaules ou lançaient des regards torves.

Notre Grandiose Leader faisait tout pour son bonheur personnel, comme ces brèves vacances en Jordanie, à Pétra où il choisit d'effacer un autre voyage, celui que fit ici même l'ancienne Impératrice avec son bellâtre grisonnant qu'elle avait préféré à l'Empire. Le célébrissime couple visita ce site comme il avait visité l'Egypte, à la hâte et en lunettes de soleil, et la comtesse avait emmené le jeune fils qu'elle avait eu d'un autre. Les photographes bourdonnaient autour des ruines, et ils immortalisèrent cet attelage digne de la Sainte Famille fuyant dans le désert, principalement lorsque Notre Sémillant Leader jucha le

Jésus sur ses épaules, comme s'il était son fils resté à Neuilly, mais beaucoup de ceux qui le virent furent suraccablés : le marmot avait ramené sur son front la capuche de son anorak et se cachait le visage des deux mains pour qu'on ne le vît point. Pleurait-il à grosses larmes ? Etait-il fatigué ou apeuré par l'affluence ? Pensait-il à son vrai père ? Avait-il honte de sa monture ? On ne savait trop mais, par ce geste, il figura en très jeune martyr de la publicité impériale, promené à l'égal d'un figurant pour donner du Prince et de la comtesse une image cousue dans le simple et l'émouvant, ce qui fut loupé. Même s'ils pensèrent à une indécence domestique, les gens de Cour les plus bassement prostitués aux faveurs n'en touchèrent mot à Sa Majesté.

Sitôt rentré au Château, Notre Nervosité Intense convoqua en audience solennelle la fleur des gazetiers, plus de sept cents, posés sur des chaises dorées pour l'écouter vendre ses mérites, ses idées, ses volontés et ses projets d'action, en parfaite bousculade et jeux de scène. Tout était énoncé dans le discours préliminaire fort longuet, à la première personne du singulier, le seul pronom dont Notre Phare Lumineux avait l'usage, et, pour ajouter de l'ampleur aux propos, il s'appuya sur des époques qu'il n'avait pas vraiment étudiées et sur des auteurs qu'il n'avait point lus, puis, renouant avec une invention maligne du fondateur de la Ve dynastie, Charles Ier de Gaulle, Notre Splendide Monarque put faire valoir son sens de la comédie ; cela consistait à laisser choisir par des physionomistes du Château, qui tenaient leurs fiches de police à jour, celles ou ceux qui, levant le doigt ainsi qu'à l'école, auraient la permission de poser une question courte : ils se retrouveraient aussitôt avec un microphone sous le nez, interrogeraient sur un sujet de leur choix ; avant même la réponse de Notre Grand Magnifique, une main véloce retirerait le microphone de manière à éviter toute joute, toute réplique, tout dialogue, tout débat, toute contradiction. Alors Sa Majesté pouvait triompher à loisir en mijotant sa réponse et en moquant le gazetier, qui s'asseyait en rougissant sous les quolibets impériaux et les rires complaisants de ses confrères des premiers rangs, des dociles, seuls visibles à l'image diffusée au peuple. Le chevalier de Guaino avait dû vanter ce procédé commode où le roi Charles Ier excellait, et Sa Majesté avait prisé la leçon :

— Vous en profiterez, Sire, pour neutraliser par le rire les questions gênantes.

— J'peux mentir ?

— C'est même recommandé, puisque personne ne peut sur l'instant vous contrer. Ce qui est dit est dit, l'effet est produit, le poisson est noyé, les critiques du lendemain ont une moindre portée.

— Ah ah !

— Ah ah, Sire. La politique c'est l'art d'empêcher les gens de se mêler de ce qui les regarde.

— Pas con, ça. C'est d'toi ?

— Hélas non, Sire, c'est de Valéry.

— Valérie qui ?

— Paul, Sire.

— Valérie Paul ? Elle a pas l'air sotte, faut que tu l'engages fissa. T'as son numéro ?

Quoi qu'il en fût, le procédé plut infiniment au Bouillant Souverain et il s'en débrouilla à merveille. La cérémonie des questions prit une allure de cabaret qui réjouit comme cela était prévu ceux qui y assistèrent. Notre Etincelant Leader avait-il traité son Premier des ministres de simple collaborateur ? Non point ! jurait-il, mettant au défi quiconque d'en apporter la preuve, mais, ainsi que nous l'avons expliqué, personne ne pouvait répliquer pour montrer cette preuve qui s'étalait dans une gazette du Sud-Ouest. A un autre qui le questionnait sur la détérioration des moyens de vie, il rétorqua : « Si ça m'inquiète ? J'fais pas un job pour inquiets, moi, c'est pas comme vous, les échotiers, qu'ont un job plus pépère ! » (*rires*). A une autre qui évoquait sa relation trop clinquante avec la comtesse, il renvoya : « Ah moi j'vous ai pas donné des instructions ! Vous n'avez qu'à plus nous envoyer de photographes, nos vacances seront excellentes quand même ! » (*rires*). Vint le tour de M. de Joffrin, éminent directeur d'une gazette renommée, lequel avait été tiré au sort par ses confrères pour poser une question impertinente capable de fâcher Sa Majesté ; il y alla comme à l'abattoir :

— Votre Suffisance n'a-t-elle point changé le régime en une sorte de monarchie élective ?

— Mais, M'sieur Joffrin, c'est une obsession, ça, le pouvoir personnel ! Vous avez rien trouvé d'autre ? C'est l'roi Chirac qui m'a donné son trône en héritage ? La monarchie, M'sieur Joffrin, ça s'hérite.

Tandis que M. de Joffrin se tassait sur sa chaise, fort écarlate et bouche cousue, devenant la risée de ses confrères des premiers rangs, certains qui ne figuraient point à l'image profitèrent de tant de mauvaise foi pour s'esquiver. Si M. de Joffrin avait pu répliquer, comme cela se pratiquait très naturellement chez les Anglo-Saxons, il aurait pu dire bien des choses, en somme, et sur plusieurs tons. *Railleur* : « Le monarque est une espèce de passereau de l'Océanie, un gobe-mouche de taille médiocre mais multicolore. » *Ironique* : « L'araignée, disait M. Voltaire, est monarque des mouches. » *Précis* : « Le monarque est celui qui exerce une autorité souveraine. » *Historique* : « Bernadotte a été élu roi de Suède, d'autres en Pologne, d'autres chez les Wisigoths d'Espagne, d'autres encore… » *Insolent* : « Pendant les cours d'Histoire, Sa Majesté devait somnoler. » *Méprisant* : « Vous avez la vision très courte, Sire. » *Sournois* : « La réponse ne figurait donc pas dans vos fiches ? »

Affirmer son arrogance ne gênait pas Sa Majesté, ni même revenir brutalement sur d'anciennes promesses. Ainsi, Notre Monarque Electif avait été choisi parce qu'il affirmait être le seul à pouvoir augmenter le niveau de la vie, dès qu'il serait assis sur son trône, or, ce jour-là, sur un air d'évidence, il avoua avec désinvolture : « Qu'attendez-vous de moi ? Que je vide des caisses déjà vides ? » Il n'ajouta point qu'il avait contribué à assécher ce qui restait du Trésor par ses gaspillages. Notre Confondant Leader entendait dompter les chiffres comme les hommes. Qu'entendait-il ? Que la croissance décroissait ? Que les chiffres en attestaient ? « Eh bien, disait-il, changeons ces mauvais chiffres en bons chiffres. » Aussitôt, Sa

Majesté se sachant entourée d'incapables choisis d'abord pour leur servilité, confia une mission à deux experts internationaux, un Hindou et un Américain, afin qu'ils inventassent un nouvel instrument à mesurer la croissance. Ainsi, pour ne pas avoir l'air de prendre du poids, certains truquaient-ils leur balance.

Cependant, après huit mois de règne, les inégalités augmentaient, les modestes devenaient pauvres et les pauvres maigrissaient, mais peu importait aux yeux de Notre Prince Intrépide qui ne fit jamais un geste pour soulager les dépossédés, les délaissés, les sans-logis et les sans-pain ; il préférait sangloter sur les malheurs du bout du monde, et un coup de grisou en Chine l'émouvait bien autrement que la mort d'une clocharde à cent mètres du Château. Quand un audacieux osait rapporter quelques plaintes du peuple, Sa Majesté rugissait : « Ces feignasses ont qu'à travailler plus ! » Et les courtisans d'entonner le fameux hymne des heures supplémentaires, affirmant que cinq millions de sujets y avaient eu recours, sans qu'on sût d'où venait ce calcul, alors que des économistes révélaient qu'elles ne rapportèrent pas plus de vingt euros par mois aux chanceux qui purent en user. Notre Valeureux Prince décréta que limiter le temps du travail était une hérésie, que l'homme était né pour trimer depuis qu'il fut chassé du Paradis terrestre, quitte à périr d'une crise cardiaque et laisser ainsi sa place à d'autres galériens puisque le navire devait avancer coûte que coûte, qu'on devrait travailler trente-cinq heures par jour, que les règlements paresseux, mis en vigueur du temps que le Parti social gouvernait, il les jetterait au feu, que les patrons et leurs employés devaient s'accorder sur un nombre sans limites de ces heures en surcroît, et Notre Leader Inspiré improvisa là-dessus une loi qui figurait déjà dans le Code du travail à l'article L. 212-6. Brassant de l'air, concoctant des lois comme un paon étale ses plumes, Notre Grand Actif espérait consolider sa réputation de faiseur ; sa devise revenait sans relâche pour le justifier : « Les Français, y m'ont pas élu pour que j'me tourne les pouces ! »

N'ayant aucune dignité en lui, Notre Céleste Agité ne parlait jamais de sa fonction mais de son boulot. S'opiniâtrant, il réduisait tout en chiffres, poids et mesures, menait le pays à la façon d'une boutique. Il imitait ces épiciers qui dressaient par périodes un inventaire, afin de savoir s'il convenait de regarnir leur stock de nouilles. Aussi Notre Seigneur Suprême s'enticha-t-il d'un cabinet en stratégie, Marx Brothers and Co, une officine privée qu'il chargea de fixer des critères pour évaluer son personnel, chiffrer les objectifs des ministres et leurs résultats. La Culture n'y échappa aucunement puisque les activités intellectuelles et artistiques passaient désormais au rang de produits ; le vicomtesse d'Albanel, qui gouvernait sans espoir ce secteur sinistré, devait recenser le nombre d'entrées gratuites dans les musées, la part de marché des films, le nombre d'heures de programmes culturels à la télévision, l'audience, le volume dépensé pour le patrimoine, l'usure des marches du château de Chambord ou les frais de dentiste accordés aux lions du cirque Amar. Le nombre ! La quantité ! Il devenait indécent d'évoquer la qualité qui ne se mesure pas.

Peu avant sa disparition, le roi Mitterrand avait déclaré : « Je suis le dernier. Après moi il n'y aura que des comptables. » La prophétie s'accomplissait et Notre Rayonnante Majesté en était le centre. Le Prince n'aimait plus que l'argent ; des observateurs à l'œil en trou de serrure soulignaient qu'il voulait partout vendre du nucléaire, dont les déchets accumulés mettraient dix mille ans à périr, parce qu'il se ménageait un autre métier lucratif quand il se déciderait à quitter les sommets de l'Etat où le velours des sièges était si confortable. Des trublions affirmaient que ses projets étaient plus pour lui que pour son peuple, que Notre Himalaya de la Stratégie savait que plus tard ce dangereux combustible saurait le couvrir d'or. S'il voyageait, s'il fit dix fois le tour de la terre en avion, c'était avec des contrats car il se comportait en représentant de commerce dont il avait l'âme et les manières, vendant aux pays instables, aux dictateurs pourvu qu'ils fussent riches, sans écouter les alarmes des Anglais, des Allemands, des Australiens, ces gêneurs qui le mettaient en garde contre une redoutable prolifération d'atomes indomptés. Tout entier nimbé d'une feinte innocence, Sa Majesté expliquait à ses clients de Libye, d'Algérie, du Maroc, d'Abou Dhabi, des émirats du Golfe, d'Egypte : « Au nom de quoi, hein, vous seriez privés de l'énergie du futur ? » Dans cet esprit, le Prince s'en alla à Riyad saluer le vieux roi Abdallah qui l'avait naguère comparé à un pur-sang : « Cheval fougueux est heureux de voir son grand ami si sage », dit Notre Pertinent Leader en rêvant aux quarante milliards qu'il espérait soutirer de ce cordial rendez-vous ; le roi Abdallah était si plein d'or noir, si doux, si tolérant, si pieux que *Human Rights Watch* qualifiait de catastrophique la situation des hommes et des femmes en Arabie.

Notre Mercantile Seigneur eut moins de succès en Inde. Il imaginait ce continent peuplé de fakirs, de charmeurs de serpents, de vaches sacrées qui se couchaient sur les routes pour empêcher les limousines de rouler, de maharadjahs cousus d'or assis sur des éléphants. Il voyait déjà la superbe image de lui et de la comtesse posant en amoureux devant le Taj Mahal, mais la comtesse hésita jusqu'au dernier moment pour refuser : « Je n'irai pas passer l'après-midi en Inde. »

La comtesse faisait son premier caprice.

Elle boudait cette sortie hindoue même si les gazettes locales ne parlaient que d'elle, parce que la visite officielle ne tournerait pas autour de sa personne puisqu'elle n'était pas encore l'épouse de Notre Majesté, et qu'elle devrait subir un lourd protocole qui la confinerait dans la délégation des ministres et des hommes d'affaires où elle serait éclipsée. Du coup, Notre Audacieux Timonier ordonna que sa visite de cinq jours fût ramassée en deux jours, ou moins, ce qui vexa fort les Indiens, et ils furent très irrités lorsqu'ils entendirent parler de contrats : « Nous ne sommes pas des marchands de tapis ! Pour qu'on la traite ainsi, l'Inde n'est donc pas une grande puissance ? Est-ce que Nicolas Ier emporte des contrats quand il se rend à Berlin, à Londres ou à Washington ? Pour qui se prend-il ? » Ce voyage écourté fut un désastre, et le comportement mal élevé de Notre Prince fut jugé avec grande sévérité. Il se fit même nombre d'ennemis lorsque, sur la tribune devant laquelle défilait l'armée indienne, il envoya des messages à la comtesse sur son petit appareil portable, comme s'il se moquait d'être reçu à Delhi, mais il l'avait déjà fait sous le nez du roi Abdallah ou sur le canapé moiré de M. Benoît XVI. Tant de grossièreté irrita un continent, d'autant que les gens de sa suite n'étaient guère mieux embouchés, papotant lors des cérémonies ou bâillant pendant les discours.

Le vent se mit alors à tourner.

Par impatience, ne décelant point d'amélioration concrète dans le prix de l'entrecôte, du gaz ou de l'autobus, ceux qui avaient hissé Notre Formidable Majesté tout en haut lui retiraient par paliers leur confiance ; l'orage grossissait de plus en plus pour venir à son point de maturité. Une grosse moitié de ses sujets pensait déjà que les choses allaient se dégradant, que l'activisme de Nicolas Ier les emmenait dans une nasse comme s'ils étaient un banc de sardines, qu'ils avaient été dupés par des mots lancés à l'épate. Averti chaque jour par ces instituts qui mesuraient pour lui l'état de l'opinion, le Prince eut alors des colères fréquentes. Ses courtisans se fondaient aux murs du Château pour se faire oublier, les portes claquaient, les dossiers volaient, les injures pleuvaient, les fenêtres tremblaient : « Tous ces branleurs m'font un procès en incompétence, eh ben ça m'laisse froid ! De glace je suis ! Y m'empêcheront pas de tout chambouler, tout ! J'vais transformer de fond en comble ce pays qui roupille ! » Dans ses accès de fureur, par étrangeté, Notre Merveilleux

Monarque renouait avec les imprécations et la méthode extrémiste de M. Babeuf, celui qui inventa le communisme sous la Grande Révolution : « Que tout rentre au chaos, disait-il, et que de ce chaos sorte un monde régénéré ! » Il sembla à beaucoup que nous en étions arrivés à la phase du chaos. Ce chaos consistait à fâcher les Français par catégories, ce qui n'était pas tellement aisé à réussir, mais Notre Frénétique Souverain sut embaucher un champion de l'embrouillamini.

Le Conseiller Attali tenait de la chouette par l'ébouriffé de son plumage et par ces yeux myopes que grossissaient les loupes rondes qu'il se perchait sur le nez. L'oiseau de nuit auquel son premier abord forçait à penser avait un don de clairvoyance dans la Grèce antique car il accompagnait en fétiche la déesse Athéna, fille de Zeus qui naquit armée d'une cuirasse et d'une lance, et régentait la guerre, les arts, la science ; partout ailleurs on s'en méfiait. Les Mayas sculptaient son effigie sur leurs couteaux de sacrifice ; en Egypte comme en Inde ce volatile était maléfique ; les anciens Chinois l'accusaient de provoquer la sécheresse et l'identifiaient au tambour. Ses idées, si elles étaient appliquées, pouvaient en effet provoquer la sécheresse, et du tambour le Conseiller Attali avait le son répétitif et lancinant. Hé ! Si l'on chuchotait en ville qu'il excellait dans tous les domaines c'est qu'il avait réussi à le faire croire en le serinant depuis tant d'années. Ardent à la fortune, il mit longtemps son pas dans celui du roi Mitterrand, dont il fut premier gentilhomme de la chambre, ce qui contribua fort à son élévation, et mieux encore à la réputation qu'il se forgea lui-même. On le consulta puisqu'il parlait de tout, savait tout, avait une idée sur tout, connaissait tout et tout le monde. Vous lui parliez du vin ? Il dissertait une heure sur le vin. Les radiateurs ? Il avait une théorie très fine sur les radiateurs, comme sur le bruit, le cinéma de Fritz Lang, les marrons glacés, le Père Noël, l'économie mondiale, le rhume des foins, les maîtres du Tch'an ou le vélocipède.

Fait également pour le monde et pour les affaires, M. le Conseiller arriva donc avec des talents qui le firent rechercher par la meilleure compagnie, qu'il recevait dans son hôtel particulier. Il préparait en quantité des textes disparates qu'il signait en grosses lettres, et il donnait des conférences rétribuées sur une foultitude de thèmes ; un trafiquant d'armes lui avait même proposé deux cent mille dollars pour une étude sur les micro-crédits en Angola, ce qui était sa dernière marotte puisqu'il se piquait de soigner une économie mondiale qui souffrait. Tel était l'homme universel que Notre Incommensurable Leader s'en alla quérir lorsqu'il lança l'une de ses multiples commissions en marge de son Parlement : qui, mieux que le Conseiller Attali, pouvait piloter un rapport capable de porter remède à une croissance malade ? Et puis Sa Majesté connaissait de longue date le Conseiller. Celui-ci habitait Neuilly, le duché d'où Notre Prince partit à la conquête du trône. Ils s'étaient fréquentés, même appartenant à des bords politiques opposés. Dans l'un de ses volumineux ouvrages, où il consigna ce qu'il avait entendu et vu dans l'entourage du roi Mitterrand, duquel il faisait office de scribe, M. le Conseiller avait écrit au 26 août 1988 : « Rencontré le Prince Nicolas. Discussion sur l'Europe, la politique étrangère, le rôle du monarque, etc. Rarement vu quelqu'un d'aussi sincèrement passionné par la chose publique. Dommage qu'il ne soit pas avec nous ! » Vingt ans plus tard ce regret était levé, et ce fut le Conseiller qui gagna le beau titre de Transfuge en sautant de la Gauche à la Droite au nom du bonheur national.

Se concevant illico en sauveur, M. Attali exigea avec hauteur de recruter lui-même son équipe où ne devaient figurer que des admirables, et cela lui fut accordé en confiance ; il y eut bientôt quarante-deux élus pour former son aréopage hétéroclite : un psychiatre y côtoyait des patrons, une députée allemande ou un professeur de Harvard ; un membre du Conseil d'Etat y échangeait ses fulgurances avec des banquiers et un écrivain anglais, mais il n'y eut point des gens de peu dont l'expérience de la vie n'était pas assez noble. Les experts choisis fricotèrent ensemble pendant quatre ou cinq mois, avant de présenter ficelées plus de trois cents propositions qui furent franchement nommées décisions, car le verdict final de M. le Conseiller fut sans appel ; tronçonné, modifié, le rapport y perdrait de son efficace et de sa lumière : « Il faut appliquer immédiatement la totalité de nos bienfaisantes trouvailles, ou bien notre tâche n'aura servi à rien. » Naïf, le Conseiller Attali se croyait du génie et souffrait mal qu'on l'oubliât, mais Sa Majesté le protégeait, pensait-il ; Notre Imprudent Monarque, recevant au Château la brochette des experts, au début de leur aventure, n'avait-il pas passé force pommade ? « Ce que vous proposerez, avait-il dit, nous le ferons. »

Malédiction ! Avant même que le rapport fût officiellement présenté, il y eut des fuites malveillantes dans les gazettes et le prodigieux catalogue de M. le Conseiller se changea en brûlot. A côté d'affirmations d'un bon sens paysan, tout pur, tout crotté d'évidence, exiger par exemple que les élèves sachent lire et écrire en classe de sixième, ce que personne ne pouvait bouder avec raison, ou bien, pour illustrer une fraternité nécessaire, que les allocations familiales soient versées en fonction des revenus de chacun, il y avait des mesures qui grinçaient car la philosophie d'ensemble reposait sur un vaste coup de torchon : il fallait épousseter la société de la cave au grenier. Le rapport que chapeautait M. le Conseiller proclamait : plus de subventions, plus d'assistance, plus de précautions, plus de rentes mais de la concurrence partout, de la mobilité, que des ouvriers endettés pour leur pavillon pendant trente ans à Dunkerque partent sur-le-champ s'installer à Besançon ; faisons de nouvelles villes à la campagne, comme le préconisait hier M. Alphonse Allais, libérons les prix, réduisons les dépenses d'une fonction publique endormie. Certaines propositions avaient été écartées à peine formulées parce qu'elles étaient explosives ou dispendieuses, ou parfois les deux, ainsi l'un voulait-il supprimer net le statut des fonctionnaires, ce qui aurait produit une émeute, mais un autre, prenant son boulier, s'aperçut qu'on ne pouvait indemniser cinq millions de fonctionnaires déchus en leur distribuant quarante mille euros à chacun, puisque les caisses étaient vides et allaient encore se vider chaque année à cause des largesses de Notre Prodigue Souverain.

M. le Conseiller fut critiqué pour son fatras de mesures, et il détestait cela. Le comte Raffarin, qui fut Premier sous l'ancien régime, défendait-il le petit commerce ? M. Attali, d'un air hautain, lui rétorqua que son inaction passée nous avait poussés à la catastrophe. Un représentant du Parti impérial se gaussait du bataillon des experts ? Il se vit rangé dans le bataillon des imbéciles. Des membres de la Gauche avaient refusé de participer à la salvatrice mission ? « S'ils ne veulent pas apporter des idées, c'est qu'ils n'en ont point ! »

Désorganiser et déplaire ce faisant, voilà un art où M. le Conseiller figurait en champion. Chargé par Sa Majesté de précipiter le chaos, il s'en acquittait avec superbe. Il fut alors le premier dans notre longue histoire à réaliser une manifestation de garçons perruquiers, avec pancartes et calicots. Que leur avait-il dit ? Que n'importe qui pouvait couper les cheveux d'autrui sans avoir à exhiber un brevet ; il suffirait d'acquérir des ciseaux et un lot de peignes pour ouvrir son salon : si ce client bouclé en ressort tondu comme un genou, c'est son affaire. Brisons les corporations ! Libérons les métiers ! Ce credo de M. le Conseiller vit se dresser dans l'instant contre lui l'ensemble des professions réglementées. Lorsqu'il affirma : « A Paris, on ne trouve jamais un fiacre », lui qui avait une voiture avec un cocher pour aller n'importe où et n'importe quand, il provoqua la colère de ces artisans qui bloquèrent la circulation à Paris, Marseille, Toulouse, Rennes, Strasbourg... Le Conseiller voulait multiplier leur nombre et attribuer aux nouveaux une licence gratuite, quand ladite licence, hors de prix, pour laquelle les cochers déjà en place se ruinaient pendant des années, leur servirait de retraite quand ils la revendraient, parce qu'après avoir travaillé onze heures par jour pendant quarante ans ils toucheraient à peine de quoi survivre.

S'attaquant sur un mode bestial aux professions qui se protégeaient, M. le Conseiller ne s'apercevait pas que ses cibles constituaient en large part l'électorat du Parti impérial : artisans coiffeurs ou cochers de fiacre, notaires, pharmaciens, avoués, vétérinaires qu'il menaçait penchaient vers Sa Majesté, et maintenant ils étaient désorientés. Or, au printemps, il y aurait dans les villages et dans les villes une vaste élection pour renouveler ou confirmer les édiles locaux ; les troupes impériales redoutaient la débâcle : désormais en colère, leurs soutiens traditionnels se vengeraient-ils des mesures jetées par M. Attali ? Des notables de la majorité, des ministres firent savoir qu'il n'était pas question de décisions fermes, oh non, mais de pistes de travail. Par avance désamorcée, la commission de M. le Conseiller rejoindrait les autres commissions créées par Sa Majesté, au fond d'un placard. Le roi Mitterrand avait prévenu vingt ans plus tôt : « M. Attali amène des tombereaux d'idées, c'est vrai, mais il faut savoir trier dedans, en piocher deux ou trois et les aménager... »

Il n'y avait pas que cette commission qui fût menaçante, car l'image du Prince l'était tout autant. Le comportement personnel de Notre Fulminant Leader commençait à choquer. Le système mis en place avec l'ancienne Impératrice Cécilia, lequel consistait à nettoyer les erreurs publiques par une dose de vie privée, ne fonctionnait plus avec la comtesse Bruni. Au contraire une telle débauche de bonheur et d'argent insultait le peuple. Dans une gazette qui interrogea là-dessus ses lectrices et ses lecteurs, on sentait monter la colère. « C'est un amateur et un sans-morale », disait un enseignant de Metz, puis un chômeur d'Aubervilliers durcissait le trait : « Il a été élu par le peuple, mais il s'affiche avec une minorité de très riches. Sert-il les intérêts de la France ou ceux de ses amis ? » Pour une infirmière de Sarlat il ne tenait pas ses promesses, et pour une retraitée de Bar-le-Duc : « Les Français sont choqués qu'il se montre avec cette fille qui n'a pas du tout l'image d'une première dame de France ! » De semblables lamentos résonnaient jusque dans le premier cercle autour de Sa Majesté : « Tu vas nous plomber, avec tes romances. » Le *Times* de Londres parlait de faute : « Il plastronne avec son histoire d'amour au moment où la plupart des Français sont profondément inquiets. » Ce qui avait paru rafraîchissant paraissait odieux. Il y avait des ratés dans la mise en scène, et rien ne servait d'en accuser les gazetiers : qui voulait se cacher le pouvait et Notre Turbulent Monarque le savait ; on n'apprit que longtemps après qu'il avait été brièvement hospitalisé au Val-de-Grâce pour un abcès à la gorge.

Chapitre III

La comtesse et les caissières. – Une cérémonie à la sauvette. – Madame. – Ses habits neufs. – L'affaire du message secret. – Gazettes au pilori. – Le baron Bertrand en embuscade. – Langage fleuri de Sa Majesté. – La révolte de Neuilly. – Exécution du Premier valet de chambre.

Ce mois de février débuta par une grève inédite. Les caissières des hypermarchés de l'Empire cessèrent ensemble, pour la première fois, leur intéressant travail de routine, ce qui empêcha le chaland ordinaire d'amasser à moindre prix des denrées de qualité moindre, morceaux blanchâtres de dinde industrielle, café sous vide, liquide à décaper, assiettes en carton, cochonneries sucrées qui rendaient les enfants obèses. Six cent quarante mille esclaves étaient concernés, femmes en majorité, lesquelles avaient cru que les slogans enjoués de Sa Majesté s'appliquaient à leur cas, mais non, ils étaient tricotés pour de plus chanceux, alors ces bagnards devaient trimer et trimer encore, comme des rameurs enchaînés aux bas-étages des galères à la merci des garde-chiourmes et pour trois fois rien, quand les groupes géants qui les utilisaient venaient d'augmenter leurs recettes de dix-sept milliards et demi d'euros. Sous-payés, sous-employés, traités à volonté pire que des machines, deux heures par-ci, cinq heures par-là, le matin ou le soir ou le dimanche, avec des horaires mouvants dictés par l'affluence des clients, ces misérables ne pouvaient pas même acheter ce qu'ils vendaient. Ils étaient unis ce jour-là pour rappeler leur inexistence, au moment précis où la comtesse Bruni, qu'ils admiraient en couleurs dans les magazines à faire rêver, réclamait cinq cent mille euros, soit cinquante-quatre ans du salaire moyen d'une caissière, pour une photo d'elle et du Prince qu'une compagnie d'aéronefs avait détournée en réclame sans qu'elle en fût avertie. « C'est mon barème dans la mode parce que mon image vaut de l'or », disait-elle de sa voix éraillée quoique mélodieuse. Celle-ci et celles-là protestaient pour gagner plus, mais la coïncidence du 1er février les éloignait plutôt qu'elle ne les rapprochait ; nul ne sut jamais confondre sans indécence les douleurs des maîtres et celles de leurs choses.

Sur la réclame maudite, une bulle à la façon des bandes dessinées, au-dessus du visage en extase de la comtesse que jouxtait le visage hilare de Notre Heureux Monarque, on pouvait lire : « Avec Ryanair, toute ma famille peut venir assister à mon mariage. » Cela déplut au Château qui jugea ce vol d'image inacceptable, ce que fut chargé d'annoncer au public M. de Martinon, le Premier valet de chambre qui avait la mine d'un croque-mort. La compagnie Ryanair s'excusa en prétextant que la photographie détournée servait le Prince en le montrant plus près des gens, menant la même vie, utilisant les mêmes marques. Le procès eut lieu le vendredi de la grève des caissières, afin de mieux approfondir le gouffre entre deux mondes supposés vivre sur le même sol. Sa Majesté recevra un euro symbolique pour le dommage, et la comtesse soixante mille fois plus à condition qu'elle cède la somme à des associations de charité, ce dont elle n'avait pas l'habitude ; pour elle, un sou était un sou, et elle en fut de méchante humeur, mais elle se maria au lendemain des plaidoiries, et, devenant l'épouse du Prince, ne pouvait décemment plus exploiter son sourire de mannequin.

La cérémonie nuptiale avait occupé les gazetiers les plus fouineurs pendant des semaines, depuis que Mamma Marisa l'avait évoquée avec une gourmandise de marieuse dans des feuilles à gros tirage, juste après la révélation du coup de foudre magique. La comtesse et le Prince allaient convoler, mais quand et où ? Ces questions l'emportèrent un temps sur les affaires tragiques du monde, et c'était là le but visé. Moqueur, dans un soubresaut de l'épaule et avec un rire en grimace, Notre Immense Libertin avait prévenu les limiers à l'affût : « Il y a de fortes chances pour que vous l'appreniez quand ce sera déjà fait. » La cachotterie confirmait les rumeurs, ce mariage à la sauvette n'en serait que plus folichon, tant ce qu'on affecte de cacher attire davantage qu'une annonce franche. Les gazetiers avaient donc épié les signes ; ils avaient couru après des bruits d'une mairie parisienne à l'autre ; quinze jours plus tôt on les avait vus en masse avenue Henri-Martin, devant la mairie d'arrondissement de la comtesse ; malgré les démentis du Château, les chasseurs avaient poireauté jusque tard dans la nuit pour ne s'égailler qu'à l'extinction des lustres de la grande salle du premier étage. Et le samedi 1er février, en douce, Notre Illustrissime se maria pour la troisième fois, à onze heures du matin, dans le salon vert de son palais, entre une réunion où il se pencha sur les désordres du Tchad et des visites rapides en province à des ouvriers menacés. Il n'y eut point d'images de la cérémonie expédiée en quelques minutes et sans discours. Les rares intimes présents étaient arrivés par la grille du Coq pour tromper la surveillance des gazetiers en grappes qui lorgnaient le portail d'honneur.

A dater de cette matinée, la comtesse Bruni fut communément appelée Madame, sauf par Mamma Marisa qui était bavarde et ne put s'empêcher de prévenir dans une feuille quotidienne : « Malgré ses obligations, ma fille gardera pour elle le temps et le lieu pour écrire ses poésies, composer sa musique, enregistrer ses chansons... » On imagina tout net un flot de notes passer sous les portes du Château, et envelopper de guitare le bureau de l'austère cardinal de Guéant qui n'avait pas l'humeur à fredonner. Au bas de cette page où s'exprimait Mamma Marisa, des gens de la rue donnaient leurs sentiments avec rudesse. « Plus question de chanter ! disait un jeune publicitaire. Qu'aurait-on dit si Mme Bernadette, l'épouse du vieux roi Chirac, s'était mise au bal musette ? » Une secrétaire déplorait ce mariage : « Si j'étais à la place de Sa Majesté, j'aurais choisi une autre femme. » Un retraité parisien vivait cet événement comme un malaise : « Se marier aussi vite après un divorce, c'est louche. » Les blâmes de cette eau proliféraient dans de nombreuses gazettes : « Il fait honte, disait un employé, même aux gens qui ont voté pour lui. » Un cadre exprimait une manière de tromperie : « Il se comporte comme un chanteur, il n'a pas pris la stature d'un monarque. Il met en application ce qu'il disait à ses copains de classe : je les niquerai tous ! » A force de s'exhiber avec la comtesse qui prenait si bien la lumière, la tête de Notre Scintillant Leader lui avait tourné, et son entourage, ses conseillers avaient cru que le mariage lui donnerait une stabilité, laquelle était le commencement de la stature.

Il n'en fut rien.

Le fracassant volontarisme qui avait fait élire Notre Monarque Maximum, les frasques qui attestaient de sa santé de luron, son agitation perpétuelle, cela se tournait contre lui et sa popularité descendit d'un coup de treize paliers. Il y avait de l'amertume dans le pays. Il y avait un sentiment d'abandon chez ceux qui l'avaient posé sur le trône. Ah ! si ces dupes avaient lu plus tôt le véridique portrait de Sa Majesté dans *L'Art du mensonge politique*, une brochure des débuts du XVIIIe siècle écrite par un médecin écossais très ami de M. Jonathan Swift, ils n'auraient point été fascinés par le bateleur, ils auraient décelé ses artifices et comment, par ses attitudes, il escomptait faire avaler des mirages à qui l'acclamait : « Les mensonges de promesse que font les grands se connaissent à cette manière : ils vous mettent la main sur l'épaule, ils vous embrassent, ils vous serrent, ils sourient, ils se plient en vous saluant ; ce sont autant de marques qui doivent vous faire savoir qu'ils vous trompent et qu'ils vous en imposent. » Ce tableau n'est-il point saisissant, qui peignait Sa Majesté en conservateur d'une tradition séculaire ?

Le peuple sentait confusément la supercherie, et Madame, par sa présence devant lever l'ambiguïté de ses amours, ne haussa aucunement le Prince au niveau des automobiles Lancia, dont la vente grimpa de trente pour cent quand on la vit dans une publicité en robe du soir lamée et chantonnant au sortir d'une étincelante voiture de cette firme, non, il fallait se résoudre, Notre Infortuné Leader dégringolait dans l'opinion, il était impopulaire de plus en plus, et Madame, au bout du compte, n'était pas si populaire qu'on l'avait cru : à l'abri des besoins de la multitude, elle possédait trop cette langueur désabusée des Romains de la *dolce vita* ; le conte de fées si prisé du prince charmant et de la pauvre Cendrillon s'inversait en celui de la princesse et du bouseux, ce qui conféra à Notre Terrible Seigneur les allures pataudes d'un détrousseur de dot, et n'était point à son avantage. Cependant Madame fit effort pour se métamorphoser en humble Madone peinte par Giotto, avec une auréole dorée et ronde comme une assiette ; la soirée des épousailles se limita à huis clos mais fenêtres ouvertes, car Notre Voyant Souverain avait été si loin dans le dévoilement de son privé et des énormes abus qu'il en fit, qu'il ne pouvait plus totalement voiler ce qui devait se cantonner à l'intime. Pour réussir à lui conférer un genre sobre, tout récent pour Sa Majesté, ses propagandistes eurent recours à un double subterfuge, celui du cliché volé contrôlé et celui du cliché officiel limité. Une courte anatomie de ces procédés ne sera pas inutile pour la suite. Par définition, le cliché volé est tiré à l'insu de ceux qui y figurent, donc de loin, et pour mieux l'indiquer il doit être flou, avec des sujets surpris en mouvement comme si de rien n'était ; les voici penchés à une fenêtre qui admirent un chèvrefeuille galopant, d'un air libre et dégagé, les voici grimpant le perron avec des fleurs emmaillotées de papier transparent, à demi cachés par une branche feuillue en gros plan, et, le jour du mariage, ce qui signale à l'attention que le vol d'images était arrangé, c'est qu'aucun policier de garde ne lâcha une rafale dans l'arbre où se cachait le gazetier qui pointait un gros objectif en forme de canon. A l'opposé de cette esthétique sournoise de l'instant, efficace toutefois pour un populaire friand des coulisses, le cliché officiel du lendemain dans le parc de Versailles isolait le couple impérial en promenade dans les sous-bois ; on y voyait aussi Madame à une table d'auberge, les yeux clos, la tête penchée doucement contre l'épaule du Prince, lequel téléphonait pour montrer qu'il était relié aux affaires du monde. Ce type de cliché est limité car un unique photographe agréé le prend et les portraits sont mis en page avant d'être tirés.

Aux premiers temps de l'existence effective de ce mariage, Madame se demanda comment elle pouvait redorer l'image ternie du Prince pour ne point être ternie à son tour. Que n'y aurait-il pas à raconter de cette habile femme ? Les services de la Cour s'activèrent pour commander aux gazettes des reportages cousus par des libellistes complices, où Madame prenait en main son nouveau destin et signait son style en trois mots bien trouvés : douceur, écoute et humilité, afin de briser ceux qu'on accolait au comportement de Notre Guide Vénéré : brusquerie, autosatisfaction et vanité. Dans les textes qui parfois s'ajoutaient, Madame léchait ses réponses : « Nicolas Ier n'est pas accroché au pouvoir et c'est ce qui le rend courageux », ce que d'aucuns trouvèrent excessif car nul n'ignorait que le Prince avait élaboré pendant trente ans sa prise de pouvoir. Madame ne rentrait pas dans ce jeu, elle s'étalait avec suavité sur les aspects si humains de Notre Vaste Souverain, si vif, si compatissant, si intéressé par ses sujets, si intelligent qu'il avait, disait-elle, plusieurs cerveaux en un seul. Une série exclusive montrait Madame au Château qu'elle n'habitait guère mais qu'elle faisait mine de régenter, puisque les formes devaient être respectées. Dans ce décor désuet, froid, amidonné, Madame n'arrivait pas à simuler le spontané. Elle retrouvait les réflexes du modèle qu'elle n'avait jamais cessé d'être. Amusée, une main élégante sur la hanche, elle posa devant la poêle à frire du cuisinier en ayant l'air de dire : « Des beignets de sole, tiens, tiens ! » Elle posa accroupie sur la moquette de son bureau pour consulter avec des mines une liste d'invités prestigieux, elle posa devant la rampe ouvragée de son escalier, elle posa en marchant dans un jardin public, avec un roquet en laisse et un étui à guitare puisqu'elle restait chanteuse et expliquait que l'amour lui donnait une écriture fervente ; elle posait où on la posait en espérant que ces séances arrondiraient l'image de Notre Rugueuse Majesté, lorsque survint, comme un hiatus, cette affaire du message secret qui écorna la frêle statue qu'elle avait mission de replâtrer.

Ce Super Message Secret, qu'on abrégeait en SMS dans l'argot moderne des urbains, avait été projeté sur les écrans des particuliers qui purent s'en repaître. La plupart des gazettes de l'époque ne se contentaient plus du papier mais se prolongeaient jusque dans la grande poubelle électronique, afin que tous pussent y puiser dans les milliards de ragots, sornettes, menteries, fadaises et musiques volées qui tournaient sans relâche autour de la planète, et c'est ainsi qu'avec des airs d'information on lut un message que Notre Donjuanesque Souverain aurait envoyé à l'ex-Impératrice peu avant son remariage avec la comtesse : « Si tu reviens, j'annule tout ! » On se répéta le mot jusque dans les cours de récréation et cela fit grand bruit. Si sa deuxième épouse était revenue à lui, Notre Leader Volage aurait donc annulé son troisième mariage ?

Sa Majesté porta plainte, non point parce qu'on attentait à sa vie privée devenue par son fait largement publique, mais pour falsification, ce qui méritait l'embastillement pour des années. Cela déclencha une guerre du Prince contre les gazettes et une guerre des gazettes contre le Prince. « On veut me détruire ! »

criait-il à ses courtisans qui ne le défendaient pas assez fort, sauf une jeune secrétaire d'Etat qui espérait de l'avancement et le fit savoir : « C'est une chasse à l'homme conduite par des charognards ! » Les charognards se vengèrent en publiant chaque jour la cote en perdition de Sa Majesté, mais l'affaire initiale du message secret s'interrompit d'elle-même lorsque le libelliste incriminé présenta ses excuses, non point à l'ancienne épouse, ni même à l'auteur prétendu du message, mais à Madame qui avait réagi par un billet où elle lui faisait la morale. Magnanime, elle pardonna son insolence à l'insolent, mais cela n'empêcha pas Notre Seigneur de pester contre les feuilles désobligeantes qui se gaussaient de lui, et auprès desquelles il ne réussit même pas à se donner en victime. En vérité, ses ruses ne fonctionnaient guère et le venin se répandait maintenant de tous côtés. Les plus âgés lui en voulaient pour sa légèreté de mœurs et son style tapageur, les plus populaires se sentaient trahis, ceux qui avaient laissé pour lui la Gauche déchantaient devant ses réformes châtrées à la naissance, les députés du Parti impérial grognaient, les ministres tremblaient.

Pour tenir ferme ses courtisans, à défaut de son peuple, Sa Majesté avait recours à l'antique système des faveurs et des disgrâces, et, tout en revendiquant sans cesse le moderne et le neuf, revenait par là à des recettes mille fois prouvées. Sa méthode ressembla trait pour trait à celle du roi Charles Ier dont M. Ribaud chroniqua autrefois la Cour, et qu'il me faut reproduire ici : « Le Roi se délectait du trouble qu'il entretenait par de savants manèges. Il ne laissait pas un de ses ministres en repos d'âme et de confiance. Celui-ci s'infatuait-il d'être solidement établi ? Le Roi par un mot brusque le faisait vaciller et trembler. Celui-là demeurait-il anéanti de la réprimande dont il avait été flagellé un mois avant ? Le Roi, à sa prochaine audience, ne faisait pas semblant d'avoir été fâché ni non plus d'être relâché de son ressentiment. Ces pratiques et ces supplices multipliaient, pensait-il, le zèle de ses ministres, ils nourrissaient surtout son mépris des humains. De là que sa Cour était comme une marmite où les intrigues et les brigues cuisaient et bouillaient sans cesse au plus grand feu. » Eh bien, quarante-huit ans plus tard il en était de même à la Cour de Notre Innovante Majesté. M. Fillon, duc de Sablé et Premier des ministres en titre, était-il en hausse dans l'opinion, puisqu'il se taisait, se vêtait triste, montrait une tête longue de chien battu et semblait endormi à sa tâche ? Notre Jaloux Souverain lui jeta aux basques, avec force rumeurs et chuchotis de couloirs, un Xavier Bertrand mal connu mais qu'il savait à sa botte.

Le baron Bertrand était un homme avec qui il fallait compter, pour qui Sa Majesté avait soudain des égards infinis et beaucoup de confiance avouée, et le baron une déférence totale. La réputation qu'il avait usurpée, l'autorité qu'il avait saisie dans son ministère du Travail, ses succès incompréhensibles dans les négociations, tout cela lui avait donné l'envie de jouir d'une situation si brillante qu'elle surpassait de loin ce qu'il avait pu espérer. Avant de voir arriver un homme promis à un si incroyable ascendant, il est bon de le faire connaître davantage, et d'entrer même dans les détails qui ont de quoi surprendre, et qui le peindront d'après nature. Il était d'une taille ordinaire par la hauteur, mais fort rond de partout, du ventre, des épaules, des joues, du fessier et surtout des chevilles qu'on lui savait enflées. Cette enveloppe le rendait bonhomme et il en jouait en usant d'une voix de chanoine, mais son sourire débonnaire, esquissé tout le long de la journée, cachait une collection de canines taillées pour mordre. Une croyance ancestrale veut que les gens de corpulence inspirent plus de confiance que les maigres, parce qu'ils sont nourris de vertus, placides, aimables, sages et bienveillants, quand l'expérience indique souvent le contraire, quand des barons de bel embonpoint ont su être féroces et rancuniers à l'égal de MM. Barre, Balladur ou Raffarin.

Le baron Bertrand n'était rien du tout et ne se piquait pas de naissance, mais il jonglait en revanche avec ses humbles origines dont il se vantait, faisant valoir à tout propos qu'il était proche du populaire puisqu'il avait été employé de banque et courtier en assurances, qu'il n'était point né dans les quartiers élégants de la capitale mais à Saint-Quentin, où il revenait parfois respirer l'oxygène vivifiant de la province ; le baron Bertrand s'en flattait, ne devait-il pas sa prompte réussite à son labeur ? « Moi, aimait-il répéter, je n'ai pas été dans les grandes écoles parisiennes. » Il était en effet si proche des gens qu'il savait les embobiner haleine contre haleine, d'une voix posée et doucereuse de confesseur, laquelle ne montait jamais d'un ton. Familier avec le commun par une affectation qui voilait sa vanité et le faisait apprécier du vulgaire, au fond l'orgueil même, et un orgueil qui voulait tout, qui dévorait tout. A mesure que son rang s'éleva et que sa faveur augmenta, son opiniâtreté jusqu'à l'entêtement, ses piques venimeuses et le jeu de ses coudes pour passer devant quiconque lui obstruait l'ascension, tout cela crût en proportion. Quand il s'autorisait des contrevérités, c'était toujours avec l'autorité du besogneux qui sait les dossiers, mais si en face on commettait la moindre erreur, il la relevait à coups de cymbales pour écraser. Cela lui valait nombre d'inimitiés à la Cour, et même s'il passait un temps infini en félicitations et flatteries, il n'en avait pas moins beaucoup d'ennemis. Lorsque ces derniers apprirent par une gazette que le baron portait en secret, chaque semaine, le tablier et la foudre en fer-blanc des francs-maçons, pour consolider ses relations dans les sommets, ils lâchèrent dans sa direction quelques perfidies en salves : « Maçon, ça se voit, mais franc, voilà qui reste à démontrer. » Tel était ce redoutable baron Bertrand qu'on disait en sourdine prêt à remplacer le Premier des ministres dès que Sa Majesté en déciderait par oukase, ce qui tendait l'atmosphère à la limite du respirable, tant dans les officines du Château qu'au sein des troupes impériales inquiètes qu'il convenait de ressouder.

Une première diversion vint miraculeusement du dehors, lorsque des notables d'horizons différents signèrent ensemble un appel à la vigilance, face aux dérives monomaniaques de Notre Prince Indubitable. Il y avait là des ministres de l'ancien régime, des magistrats, des avocats, des écrivains, des édiles, des footballeurs champions du monde, des comédiens, des historiens qui avaient étudié la monarchie élective. L'occasion était belle pour resserrer autour du Monarque si vilainement conchié l'essentiel des partisans impériaux. Chacun d'eux y alla de sa phrase tournée dans l'indignation. Mme de Morano, récente duchesse de Meurthe-et-Moselle, laquelle avait un langage vert et les grasses manières d'une poissarde, trouva que cet appel était pathétique : critiquer Sa Majesté était le fait de revanchards qui passaient les bornes, sans qu'on sût ce que limitaient ces bornes. Pathétique, reprenait le président de l'Assemblée impériale, comme s'il employait le même vocabulaire préparé. Le chevalier Le Febvre, un pesant prétorien de Sa Majesté, hirsute, l'œil fou et la moue dédaigneuse, parla de mauvais joueurs et de perdants qui finiraient par s'excuser, sans qu'on comprît pourquoi ils s'excuseraient, et de quoi. Le comte Copé dit que les lignes jaunes étaient dépassées, semblant ignorer par ce lieu commun que depuis des décennies, sur les routes, ces fameuses lignes étaient blanches. Quoique convenu et sans talent, cet assaut groupé permit d'oublier un temps les problèmes qui pressaient et le peuple en désarroi.

Sa Majesté put se déplacer en coup de vent dans les usines malades et dans le monde en roulant des épaules. Notre Souverain Pressé fut radieux dans la forêt amazonienne où les indigènes avaient l'an dernier voté en masse pour lui offrir la couronne ; au village de Canopi sur le fleuve Oyapock, dans la boue de ses berges, un édile vêtu de la seule écharpe tricolore lui offrit un arc et deux flèches, symbole qu'expliqua un villageois à demi-nu : « Une flèche pour le gros gibier, une pour le petit. Si Sa Majesté est énervée elle pourra toujours s'en servir. »

Quand le Prince regagna sa capitale, il fut accueilli par les titres méchants des gazettes : *Le souverain qui fait pschitt*, *Ce qui cloche*, *La déception*, *Caractériel narcissique ou agité compulsif* ? Il fallait une fois encore dérouter la meute antagoniste, et Notre Transcendant Stratège improvisa sans attendre l'une de ses idées morbides qui, élevant le scandale à la hauteur d'un art de la diversion, sut étouffer les vrais problèmes du pays pendant au moins une semaine. D'abord, Notre Ombrageux Seigneur s'imposa à la place d'honneur réservée par tradition au Premier de ses ministres, lors du banquet annuel offert par les Représentants de la communauté juive. Notre Monarque Illuminé fit un discours et stupéfia les convives en lançant comme un ordre son désir que chaque enfant de dix ans, dans les écoles, parrainât un enfant mort en 1942, arrêté par des gardiens de la paix en capeline, déporté puis gazé dans les infernaux camps nazis. Il y eut des frémissements, de l'étonnement, un temps de digestion avant des glapissements indignés venus de tous bords. Quoi ? Confier à des marmots pour qui l'Histoire se résume à gribouiller des châteaux forts sur du papier Canson, auxquels on n'a même pas enseigné la chronologie, la mémoire d'un petit assassiné ? Ah ! Sire, la mémoire ne se décrète point, et comme votre sensiblerie peut être néfaste ! Voulez-vous donner des cauchemars à toute une génération d'écoliers ? Il eût fallu que leurs professeurs racontassent les années quarante de l'autre siècle et parlassent de M. Hitler, un petit brun avec une moustache collée comme un timbre-poste sous son nez en pomme de terre, qui réclamait un monde peuplé de grands blonds costauds et de blondes grassouillettes ; comment dans son délire il avait dit : « Il ne peut pas y avoir deux peuples élus. Le peuple de Dieu c'est le peuple allemand. » Et de là, comment il ordonna pour la première fois dans l'Histoire du monde l'extermination raciste, sadique et *planifiée* de plusieurs millions d'êtres humains. Qu'est-ce qu'un enfant pouvait entendre à pareil projet diabolique dont nous ne parvenions pas nous-mêmes à pénétrer la monstruosité ? Quoique habitués aux jeux de guerre et aux films d'horreur sur leurs écrans, comment des enfants vivants pouvaient-ils parrainer des enfants morts ? Se seraient-ils sentis habités par des Aliens ? Chez vous, Sire, l'émotion prend toujours le pas sur le savoir, l'irréfléchi sur le raisonnable.

La polémique nourrit les gazettes et il y eut partout des débats avant que le projet fût atténué puis étouffé, comme beaucoup des projets bâclés de Sa Majesté. Ce qui n'était toutefois nullement étouffé, c'était la violence quotidienne. Dans les hôpitaux, les médecins des urgences voyaient se presser en nombre croissant des yeux pochés, des nez cassés et des contusions : les agressions gratuites devenaient courantes, et les jeux mortels aussi, à l'image de ces gamins qui s'amusaient à jeter des plaques d'égout sur des voitures, depuis un pont. Rien n'avait été effectué pour adoucir le mal des banlieues, et un quatorzième plan en seize ans venait d'être ajourné pour manque d'idées et manque d'argent, alors on y vivait toujours dans la rancœur. Notre Prince n'avait que faire du long terme qui se voyait mal, il préférait rajouter quatre mille policiers pour remplacer des enseignants dont le nombre avait été réduit.

Notre Etourdissant Leader s'attachait surtout à plaire aux pulsions du public, et à larmoyer sur les victimes quelles qu'elles fussent, voilà pourquoi il décida une mesure exemplaire pour que les violeurs, les tripoteurs et les meurtriers abjects pussent, une fois leur peine purgée, demeurer en prison jusqu'au cimetière, puisqu'un criminel, répétait Sa Majesté, porte des crimes comme un chardon ses piquants.

— Comme ça, triomphait le Prince, y r'commenceront pas leurs cochoncetés de merde ! Okay ?

— Mais ceux qui doivent sortir de cellule avant la promulgation de cette mesure, Sire ?

— Y sont au trou, qu'ils y moisissent, parce que, tu sais, y vont encore égorger, poignarder, taper les vieilles à coups de marteau, ça, c'est sûr !

— Impossible, Sire…

— Faudrait voir !

— Tout vu, Sire. Chez nous, aucune loi n'est rétroactive…

— Rétro ou pas, m'en fous !

— Ainsi le veut notre Constitution…

— M'en fous aussi, de ta Constitution ! Faudrait pas qu'elle m'emmerde, hein, ta Constitution ! D'ailleurs, c'est moi qu'en suis garant !

Tel un coq dans une cour de ferme, Notre Prince Furieux y allait de son chant assourdissant et de ses coups de bec que chacun voulait éviter. Un rien le contrariait. Il devenait fébrile, des tics nouveaux du faciès et du nez complétaient ses tics habituels de l'épaule qui sursaute et de la joue qui se crispe. Les colères quotidiennes qu'il réservait au personnel du Château sortirent toutefois au grand jour, le matin où il visita au pas de course le Salon de l'Agriculture. C'était avant l'ouverture normale des portes, et il fit en procession le tour des exposants et de leurs bêtes, croisant pour la première fois d'aussi près le regard des vaches. Dans le grognement des gorets et le parfum du fumier, il grignota par devoir une lamelle de Livarot, puis deux rondelles de saucisson à l'ail, trempa ses lèvres dans un verre de muscadet tiède, et il serra les mains tendues tout au long de son trajet, mais toutes les mains ne se tendaient pas et certaines se refusaient ; un malotru en canadienne eut même un geste de recul devant le Prince :

— Ah non, touche-moi pas !

— Casse-toi, alors, grommela Sa Majesté en faisant semblant de sourire aux autres.

— Tu m'salis !

— Casse-toi, alors, pauv'con !

L'image et le son de la saynète tournèrent en boucle sur les écrans, sur les ondes et dans les gazettes où l'on expliqua que Sa Majesté perdait son sang-froid. Alors le chœur des zélateurs revint à la charge pour excuser la phrase malencontreuse et même montrer ce qu'elle avait de délicat. « Il est spontané », dit l'un. « Notre Prince est assez moderne dans son comportement », dit un autre, et un troisième ajouta que, face à la déferlante d'insultes à son égard, il avait fait preuve d'une exceptionnelle sérénité.

Madame intervint en personne, mais dans l'ombre, pour atténuer la mauvaise éducation de son mari. Celui-ci ayant répondu aux lecteurs d'une feuille quotidienne, il n'avait évoqué l'incident que pour se justifier : « C'est pas parce qu'on est un souverain qui règne qu'on devient quelqu'un sur qui on peut s'essuyer les baskets, hein ? » Sa Majesté demanda à relire l'ensemble pour l'ajuster à sa pensée et rectifier au besoin une syntaxe trop brute, alors une phrase nouvelle apparut dans le texte, qui n'avait pas été prononcée mais que Madame trouva judicieux d'insérer : « Ce type, j'aurais mieux fait de pas lui répondre. » Notre Fulminant Leader n'en pensait pas un mot, mais il conserva cette demi-excuse pour plaire à Madame. L'essentiel, pour lui, c'était de saturer les écrans et les gazettes de sa présence, chaque jour et à chaque heure du jour, pour s'imposer et se féliciter de son action multiforme sans apporter jamais de solution, sinon policière. Cependant, à l'approche des élections dans les villes et les villages, pour nommer des notables, une banlieue lui donna plus de soucis que les autres et sembla même franchement entrée en rébellion.

C'était Neuilly.

Dans les années cinquante, cette bourgade modeste et somnolente de l'Ouest parisien était habitée principalement par d'authentiques provinciaux, messieurs en chapeaux et dames en noir avec voilettes et missels.

Ces braves gens sans histoires ne franchissaient guère la Porte Maillot, alors un terrain vague occupé par des broussailles et les palissades de l'ancien ratodrome d'avant-guerre ; ils ne considéraient Paris que de loin et, dès la place des Ternes, le public de l'autobus n° 43 changeait du tout au tout. En grandissant, Paris mangea Neuilly ; la verdoyante bourgade à l'orée d'un bois touffu se transforma en quartiers hautement résidentiels, délimités par zones, très chic, où l'on ne vit bientôt plus que des milliardaires, des nouveaux riches à gourmettes, des grands patrons, des héros du show-biz ; le Bottin mondain avait chassé les bourgeois traditionnels mais sans fortune ; dans les parkings des logements sociaux ne se garaient plus que des Jaguar. Voici le territoire qui vit l'essor de Notre Courageux Souverain, le territoire qu'il administra pendant près de vingt ans, où il se composa un carnet d'adresses utiles et collecta patiemment des soutiens. Sa Majesté, qu'ici on avait tant aimée, crut pouvoir imposer en mairie qui bon lui semblait, sachant le dicton colporté de la rue de Madrid à l'avenue du Roule : « On présenterait un cheval avec une étiquette du Parti impérial sur le front, il se ferait élire. » Notre Confiant Leader choisit son Premier valet de chambre, ce M. de Martinon qui portait une tête éblouie sur un cou de girafe.

Et la révolte commença.

La première fois que M. de Martinon vint sur les marches de la grande et noble mairie, pour y être intronisé, des séditieux en loden scandèrent en rythme : « Martinon, non, non ! » Désarçonné, ayant peu l'habitude des campagnes politiques, M. de Martinon accumula les maladresses. Voyez-le dans une réunion :

— Vivre à Neuilly, pour moi, c'est un sacrifice financier...

— Fais des économies ! rentre chez toi !

Le malheureux M. de Martinon n'avait point le jovial d'un candidat modèle, et moins encore celui d'un possible édile de Neuilly où il n'avait pas eu la chance de naître. Les guides électoraux qu'il avait potassés, pour apprendre à ligoter l'électeur, ne livraient aucune recette directement applicable ici. A quoi aurait servi de promettre des crèches à des gens qui s'offraient des nurses ? Et des stades à des gens qui étaient tous inscrits au Racing ou au polo de Bagatelle, et frappaient la balle sur les courts de Roland-Garros ? Il lui fallait cependant parcourir les marchés et s'extasier devant la fraîcheur des étals ; même là il n'avait pas la manière, ni les arabesques, ni le sourire complice.

— Laissez-vous tenter par mes limandes ! lui cria un gros poissonnier rubicond qui sentait le varech.

— Euh... Nous avons déjà fait les courses, bredouilla M. de Martinon.

— Elles sont pas fraîches, mes limandes ?

— Oh je n'ai pas dit ça...

Quoi qu'il dise il disait trop ou pas assez et restait mal à son aise. Sa Majesté dut lui dépêcher son fils, le Prince Jean, un enfant du quartier qui connaissait les salons de thé, la pizzeria de luxe et surtout les réseaux qui découpaient en tous sens la société de Neuilly, qu'il fallait réunir en appartement pour convaincre un jour les catholiques, le lendemain les vedettes repliées au calme près du Jardin d'Acclimatation, ou les brasseurs d'affaires. Que croyez-vous qu'il arriva ? Partout le Prince Jean se substituait au désolant M. de Martinon qu'il avait juré de soutenir jusqu'à la mort, et en effet il le soutint, mais jusqu'à *sa* mort à laquelle il prêta la main en conspirant contre lui. Le Prince Jean venait d'abandonner ses velléités théâtrales, car il avait été question qu'il jouât dans cet *Oscar* où pétilla naguère M. de Funès, mais il choisit soudain la politique où pétillait aujourd'hui Notre Fébrile Majesté. Le jeune homme passa d'un rôle à l'autre sans douleur ni méditation. Il avait en la matière tout appris de papa dont il imitait le phrasé, depuis l'art de battre les estrades jusqu'aux douceurs qu'il fallait prodiguer sans répit pour lever l'enthousiasme, aussi disait-on à Neuilly : « On croirait Notre Leader avec vingt centimètres de plus et une perruque jaune. » Et cela rassurait Neuilly. Le Prince Jean confia donc à son père couronné que M. de Martinon manquait d'étoffe, et qu'il allait perdre, ce qui ferait mauvais effet dans le facile duché de Nicolas Ier. Le Prince Jean fut alors aidé en sous-main par une société secrète nouvellement formée qu'on appelait La Firme, que menait notamment l'abbé Buisson et un groupe de proches de Sa Majesté écartés par l'ancienne Impératrice Cécilia. Or, M. de Martinon était l'un des favoris de cette ancienne Impératrice et La Firme voulait l'empailler au plus vite. Il y eut à ce moment deux sondages de deux instituts ; le premier sondage affirmait que M. de Martinon allait être battu, et on le garda ;

l'autre le donnait vainqueur, et on le jeta. Dès lors, M. de Martinon fut perdu et les différents candidats de la Droite purent se déchirer à loisir ; on vit même un cocktail tourner au pugilat, et des personnes la veille si bien élevées se lancer au visage des flûtes de champagne. M. de Martinon fut exilé sur la côte de Californie, dans une maison bleue adossée à la colline.

Chapitre IV

VERS LA DÉCULOTTÉE. – DÉCONFITURE DES TROUPES IMPÉRIALES. – LA PRINCESSE RAMA. – SON UTILITÉ. – RÉSURRECTION DU DUC DE BORDEAUX. – LA GAUCHE AVANCE COMME UN CANARD SANS TÊTE. – MODESTIE DU DUC DE PARIS. – MONSIEUR DE LA POSTE PREND DU GALON. – MADAME, CHARMEUSE D'ANGLAIS.

A la fin de son premier hiver sur le trône, Notre Guide Emporté voulut repartir en campagne pour asseoir solidement son Parti impérial dans toutes nos provinces. Las ! le vent qui l'avait poussé lui était maintenant contraire et le giflait de plein fouet. Sa pensée n'étant point ancrée, elle se modifiait au fil de circonstances qu'il ne maîtrisait plus, aussi dut-il en changer souvent, ce qui contribuait à désarçonner jusqu'à ses lieutenants. Il avait d'abord entonné un chant de guerre : « Les élections à venir dans nos villes, je vais m'y impliquer à fond ! Je vais courir le pays pour soutenir nos généraux dans ce combat, et les faire gagner ! J'irai planter mon oriflamme sur chaque mairie ! En avant ! » Puis, sachant que le peuple boudait ou se détournait franchement de lui, Notre Rusé Leader fit volte-face et dit tout le contraire : « Moi, je n'ai pas à m'engager, hein, puisque je ne me présente pas aux suffrages. » Et il attendit qu'on l'appelât pour soutenir ceux qui menaient ses troupes, mais la plupart lui dirent : « Non, Sire, non, je ne tiens pas à ce que vous veniez m'aider, je vais me débrouiller. » Chacun craignait qu'un soutien trop appuyé de Sa Majesté menât à la défaite ; le peuple se méfiait et rejetait tant l'image que l'action du Prince. Son visage, son nom, le logo de son Parti furent gommés des affiches et des professions de foi. Sur les podiums locaux, pour espérer vaincre, les candidats du Parti impérial reniaient cette appartenance ; il y eut même des listes dissidentes à Brest, à Nice, à Boulogne-Billancourt. « Pour que Notre Prince l'emporte, confiait un hypocrite, il faut le faire oublier. » Ainsi vit-on M. Juppé, duc de Bordeaux, s'inventer un nouvel écusson très personnel, son nom décoré de pétales et de feuilles, ce qui évoqua, mais en vert et brun, une fameuse marque de yaourts. Quant au fourbe maire de Rouen, qui risquait son fauteuil, il prit de larges distances avec les Impériaux en affirmant qu'il avait rejoint le peuple des sans-parti.

Notre Phosphorescente Majesté intervint malgré tout. Elle imposa dans un arrondissement parisien, qu'il convenait d'arracher à la Gauche, un gazetier au visage connu, le chevalier de Cavada, frais Transfuge du Centre puisqu'il venait à l'instant de trahir son maître, Monsieur du Béarn, et que Notre Malin

Monarque adulait les traîtres qu'il pensait mieux tenir que les convaincus, et qu'il cajolait pour cela. Le chevalier de Cavada connaissait par ouï-dire l'endroit qu'il devait emporter. On le vit avec deux guitaristes dans le square Courteline, et il déclama d'une voix de camelot : « Ce quartier est une belle endormie, un peu de musique pour le réveiller ! » Lorsqu'une habitante lui demanda ce qu'il pensait des sens interdits, dans sa rue, le chevalier lui dit : « J'attends que vous me l'appreniez » ; il répondait fort souvent à des questions par d'autres questions, n'ayant pas la moindre réponse, et cela fut compté à son détriment.

Une volée de ministres osa toutefois affronter le rejet. La baronne d'Ati, qui gardait les Sceaux et les robes prêtées par M. Dior, était indésirable dans les nombreuses villes dont elle voulait fermer les tribunaux ; les experts du Château lui proposèrent un fief gagnant au cœur de Paris, quartier d'argent, de ministères et de bonnes manières que fréquentaient uniquement des Blancs fort catholiques. Elle s'y rendit en confiance mais ne fut point si bien reçue. Très marquée par le soutien de Sa Majesté, elle subit dans la rue des manifestantes en manteaux de fourrure qui chantaient : « Non au fait du Prince ! » La baronne d'Ati dut louer un appartement sur place, s'intéresser au problème des crottes de chien sur le Champ-de-Mars où s'ébrouaient les bambins, s'inviter chez des traditionalistes à l'heure du thé, et, quoique mauresque et musulmane, se montrer à la messe du dimanche matin à Saint-Pierre-du-Gros-Caillou.

Rien n'était joué, un parfum de dissidence flottait comme à Neuilly. Les représentants impériaux souffraient du même doute ; ils se faisaient également houspiller dans leurs circonscriptions à cause de Notre Forcené Leader, mais leurs critiques à eux se concentraient sur le pouvoir exagéré du cardinal de Guéant et du chevalier de Guaino, ces deux conseillers qui gouvernaient le pays ; ils se substituaient aux ministres, diminuaient le Premier d'entre eux, faisaient des annonces, décidaient, tranchaient, récompensaient ou punissaient les trublions autant que le Prince qui leur confiait alternativement son sceptre et les défendait contre tous : « A travers le chevalier qui porte ma plume et Son Eminence, c'est mon derrière à moi qu'on mord ! Lâches ! Quand j'étais pas d'accord avec le roi Chirac, moi, j'le mettais directement en cause ! » Au lieu de réconforter les siens, chaque parole de Notre Guide Colérique les brûlait, et l'atmosphère alentour se chargeait de plomb. Plus impérieux qu'impérial, il menaçait : « J'écoute, je lis, j'entends tout ce qui se dit. J'ai vos fiches ! Après ces élections qui vous terrifient, je prendrai des décisions saignantes. » Les courtisans ne se regardaient qu'à peine, et plutôt leurs chaussures que leur voisin, ils traquaient les indices des changements promis, des répudiations et des médailles. La défaite semblait certaine mais non son ampleur. Combien de villes les Impériaux allaient-ils perdre ? Des ministres lançaient des rumeurs comme le baron Bertrand, lequel misait sur la fuite du duc de Sablé, le Premier dont il entendait ravir la place, ce qui se lisait sur son visage étrangement placide.

Le dimanche redouté arriva.

La Gauche gardait Paris et Lille, elle gagnait Caen, Reims, Saint-Etienne, Quimper, Amiens, Metz qui appartenait à la Droite depuis cent soixante ans, et Asnières, Argenteuil, Aubervilliers ; Toulouse et Strasbourg menaçaient aussi de basculer au second tour du scrutin. Marseille résistait et on s'en glorifiait. En privé, Notre Lucide Seigneur plaisantait car personne ne pouvait le chasser du Château, et il dit dans sa langue ciselée : « Pour une branlée, c'est une branlée ! » En public on troussa une autre ritournelle que M. de Vaulpré mit en musique ; ce compositeur électoral avait été pêché dans le service commercial de la maison Coca-Cola, et il s'y entendait en slogans. Les intervenants du Parti mis à mal reçurent trois pages de sa main pour les instruire du langage à adopter et des messages à délivrer, ce qu'ils récitèrent le soir même de la déculottée sur les écrans et sur les ondes. Ce fut monotone et sans âme. Que tous récitassent la même leçon fit songer au film *Z* de M. Costa-Gavras ; appelés comme témoins du meurtre d'un député grec de l'opposition, un voyou et le général de la police usaient des mêmes termes devant le juge : « L'assassin était souple et féroce comme un tigre. » Cela sentait le complot. Il en fut pareil le dimanche soir des résultats. *Premier temps* : tous dirent que la participation du peuple n'avait pas été massive. *Deuxième temps* : tous dirent que ce n'était point un vote sanctionnant la politique admirée de Sa Majesté. *Troisième temps* : tous dirent que ce n'était qu'un scrutin local qui n'avait aucune portée à l'échelle de la nation ; le baron Bertrand lui-même y alla de son couplet :

— Ce sont avant tout des élections locales.

— Le signe, Monsieur le baron, d'une désaffection…

— Nullement ! c'est le signe que les Français attendent les réformes.

— Ou qu'ils sont en colère…

— Nullement ! Ils sont impatients.

Comme si le peuple se présentait en bloc malléable, monocolore, sans aspérités, en rang derrière une opinion unique, les prêcheurs du Parti impérial employaient volontiers l'expression *Les Français* ; derrière ce commode bouclier ils reproduisaient leur partition, proclamant que la colère se nommait aujourd'hui impatience, que le pays voulait tout de suite et chaque matin son paquet de réformes, même si la plupart devaient finir à la décharge ou émiettées en puzzle. Ils avaient la même tonalité de voix, les mêmes mots, le même regard humble, le général baron de Vedjian, le comte Droopy de Karoutchi, la duchesse de Morano écrasée à Toul et la marquise de La Garde chassée de la Bastille ; ou la Princesse Rama jetée de Colombes.

La vaillante nation des Peuhls avait donné à notre pays des tirailleurs sénégalais en culottes blanches et la poésie du roi Senghor, puis elle nous donna la Princesse Rama, quoique par sa silhouette longiligne, sa façon guerrière de s'échauffer et le pur chocolat de sa peau elle ressemblât plus précisément aux

Ouolofs. Elle était née trente ans plus tôt à Dakar. Son père était le secrétaire particulier du roi Senghor et sa mère enseignait l'Histoire. A onze ans, la Princesse arriva en France pour ne plus repartir et devenir selon ses mots une Sénégauloise, mais son père, lui, retourna en Afrique en abandonnant sans un sou une épouse et quatre filles, ce qui était de la dernière élégance. La mère ne put faire briller ses diplômes chez nous, alors elle continua à étudier le monde ancien des Grecs et des Latins en faisant des ménages et en pouponnant pour une maigre finance des enfants ou des vieillards mêmement édentés et morveux du nez. Ce fut à Colombes aux portes de Paris et au bord de l'autoroute, dans une tour. Afin de s'évader, afin de regagner un jour le paradis dont un père nonchalant l'avait privée, la Princesse Rama n'eut d'autre choix que l'école des bonnes sœurs où elle étudia avec rage jusqu'à se farcir la cervelle. Sans renier ses goûts ni sa couleur, elle s'y trempa un esprit non point fait de vengeances mais de bonnes notes, et perfectionna ce qu'on appelait dans un vocabulaire leste sa grande gueule ; elle avait en effet une humeur difficile de dogue mais savait en jouer, la baptisant caractère ou convictions. En tous lieux elle emportait son tapis de prière et une boussole pour le déplier sans erreur vers La Mecque, et où qu'elle fût elle exigeait un poste de télévision constamment allumé comme en Afrique, car seuls le mouvement et le bruit la reposaient. Ce fut du reste sur un écran qu'elle rencontra Sa Majesté pour la première fois. Alors jeune duc de Neuilly, elle le vit courir dans une maternelle prise en otage par un maniaque ceinturé d'explosifs, qui menaçait, et Notre Futur Leader en ressortit avec un jeune captif délivré. La Princesse Rama ayant trouvé son matamore, elle n'eut de cesse de monter jusqu'à lui pour le servir. Elle travaillait dans les bureaux du Sénat quand elle lui écrivit ; il était encore lieutenant-criminel du royaume, en charge de la maréchaussée, et il lui fit répondre. Alors la Princesse Rama se faufila dans ce qui allait devenir le Parti impérial, et elle y donna de sa forte voix. Ayant appris que devant le futur Nicolas Ier les hommes devaient se changer en carpettes mais que les femmes avaient le droit de le secouer, et qu'il adorait cela, elle poussait sa porte au moindre désaccord ; elle lui dit de ne plus traiter les banlieusards de racaille, ni de s'indigner parce que le parent d'une victime de sa police vint le voir en boubou et non point en complet veston, parce que ce boubou était une tenue de deuil et qu'il fallait respecter les traditions d'autrui. Ces bravades de la Princesse comblaient Notre Prince et consolidaient l'affection qu'il lui portait car il se reconnaissait dans son comportement irascible. Un jour de meeting à sa gloire, Notre Olympien Leader la poussa sur la tribune pour qu'elle emballât par son discours vif une assemblée déjà acquise, et elle y réussit parfaitement, connaissant par instinct et par observation toutes les ficelles de cet exercice, provoquant à volonté des rires de connivence ou de détente, disant qu'il lui avait fallu montrer patte blanche, ou qu'elle était rouge de confusion, et face à l'hilarité facilement provoquée, ajoutait : « Si j'étais de la Gauche, je vous traiterais de racistes ! » Le mot remua la salle une nouvelle fois et elle sortit sous les vivats. Ensuite, elle grimpa vers le pouvoir au même pas que Notre Majesté qui lui demandait, parfois, d'être moins agressive, mais elle lui répondait : « Moi, agressive ? On ne me parle pas comme ça ! »

La Princesse Rama fut néanmoins la plante en pot qu'elle refusait d'être. Son allure et son allant suffisaient à Sa Majesté qui lui offrit ce rôle ornemental dans le décor de sa Cour où manquait justement une touche d'Afrique noire. Les colonies nous avaient autrefois rapporté l'argent des bois précieux, du caoutchouc, du cacao et de la Régie française de l'opium ; par bonheur défuntes elles nous donnaient aujourd'hui une diversité des croyances, des peaux et des cuisines. Trouvant que la Princesse était une belle prise, Notre Esthétique Leader la rempota aux Affaires extérieures ; elle devait faire semblant de protéger les droits de l'homme qui chancelaient dans le monde et dont Notre Immense Compatissant avait fait un thème avant d'accéder au trône, mais point après car il s'était mis aussitôt à fréquenter les meilleurs tyrans de la planète. Il emmena la Princesse dans des pays mal fréquentés comme la Tunisie, la Libye, le Gabon ; elle y resta muette, boudeuse et en retrait. A Washington elle mit une robe du soir très remarquée mais ne toucha mot à Johnny Walker Bush de ces tortures qu'il pensait normales à Guantanamo. Elle n'alla pas en Chine ni en Russie, trop puissants pays pour qu'on se les mît à dos, mais son premier faux pas notoire fut un succès. Lorsque Mouammar le Cruel vint chez nous, elle s'exclama que notre pays n'était pas un paillasson, et que les dictateurs n'avaient pas à s'y essuyer les pieds du sang de leurs forfaits. Beaucoup applaudirent, et Sa Majesté aussi. La Princesse révélait son utilité, qui consistait à laisser la Gauche sans voix et à montrer que le gouvernement n'était point la caserne qu'il était.

Considérant la neuve renommée de sa jeune découverte, Notre Haletante Majesté l'encouragea à fortifier les impériaux dans une ville de son choix. La Princesse Rama refusa Suresnes et Corbeil où on la réclamait, elle refusa des endroits enfantins qu'on lui accordait afin qu'elle l'emportât sans risques ni blessures ; elle opta pour la banlieue de son enfance et, en souvenir d'un seizième étage duquel sa vue plongeait sur le quartier des Fossés-Jean, elle se glissa dans la liste de Colombes. « La noblesse de la politique, disait-elle après avoir révisé ses polycopiés de Sciences Po, c'est d'être choisie par les électeurs. » Certes, il y avait là du bon sens, mais les électeurs de Colombes ne la hissèrent point sur le pavois et lui mirent un camouflet. Ainsi naviguent les spécialistes de la chose publique qui la désignaient gagnante, de même qu'ils donnaient M. Juppé, duc de Bordeaux, menacé d'être bouté hors de sa ville, quand il fut au soir du premier tour un brillantissime vainqueur, le seul de la Droite à conserver une imposante cité à Sa Majesté, et Sa Majesté le félicita tout en le traitant en privé de connard, parce qu'il s'était allié pour réussir avec les troupes centristes du comte Bayrou, alors le principal ennemi de l'Empire.

Un an plus tôt, après une défaite politique, le duc s'était replié sur son duché auquel il disait son amour exclusif. Quand vint le temps de l'élection municipale, au moment même où le Parti impérial semblait refluer et prendre l'eau, à cause des ressentiments du peuple pour Notre Prince, le duc de Bordeaux soignait son image et son fief. D'aucuns le disaient cassant, inattentif aux autres, froid comme une machine, mais les épreuves lui avaient conféré une patine et il réussissait maintenant à sourire sans trop se forcer. Il souriait dans une gazette, faisant des crêpes en bras de chemise ; il souriait pour trois pas de danse avec une petite boulotte en robe rouge ; il souriait en plantant des fleurs au bord de la Garonne, avec sa cravate bleue au vent et des mocassins cirés ; il souriait en parka de cuir sous la pluie ; il souriait aux spécialités régionales, devant une assiette de cœurs de canards gras ; il souriait sur ses affiches de campagne, en jeans, à côté de la duchesse Isabelle qui avait traversé tous ses orages. Le duc de Bordeaux était devenu humain et d'autant plus respecté que Sa Majesté ne l'était guère ; la duchesse l'y avait aidé en lui offrant une montre de gousset plus compliquée à consulter qu'une montre-bracelet, car il avait la manie de regarder l'heure à tout propos comme s'il s'ennuyait et voulait signifier : « Bon, je vous ai écouté, passons à autre chose. » Désormais, dans un grand geste du bras il montrait les embellissements de sa ville ; les quais noirs et déserts étaient aujourd'hui une promenade, son tramway bleu désengorgeait les rues, on jalousait partout sa Maison du vélocipède. Bordeaux était inscrite au patrimoine mondial tant il l'avait brossée, repeinte, redorée. « Soit, Monsieur le duc, lui disait-on, mais de l'autre côté du fleuve c'est une désolation » ; il répondait par sa nouvelle devise : « Ce qui n'est point bilan est projet. »

Fort de sa victoire on le sentait cependant à l'étroit dans son estuaire de Gironde et les flatteries le laissaient évasif :

— Vous devenez à la mode, Monsieur le duc...

— On est à la mode quand on gagne.

— Sans doute, Monsieur le duc, mais il n'y a pas que cela...

— Vous avez raison. Ce vote affectif des Bordelais, qui me confirme en notre bon hôtel de ville, m'a consolé de bien des avanies, et puis, quand des gens me disent qu'ils comptent sur moi en 2012, ça me fait plaisir.

Dans quatre ans, comme cela était convenu, Sa Majesté devait remettre sa couronne en jeu car elle n'était point monarque à vie, mais, sans une attaque de front, sans se découvrir, le duc de Bordeaux se contentait d'une rêveuse morale : « Il faut d'abord labourer, disait-il, puis semer, puis arroser avant de récolter. » Et le duc attendait son destin en labourant, en semant et en arrosant avec des gestes patients de vieux paysan. Les gazettes titraient à son propos : « Le recours », comme s'il se plaçait naturellement tout à côté du trône, comme s'il était le mieux apte à diriger ce Parti impérial qu'il avait d'ailleurs inventé autrefois à son usage, comme s'il était le seul capable de tenir le gouvernail et d'éviter les écueils. Notre Amer Leader voulant tout mener lui-même, il devenait effectivement le responsable de tous les maux : beaucoup préféraient voir n'importe qui sur le trône pourvu que ce ne fût plus lui. L'argent manquait, l'avenir se couvrait. Si vous invitiez à dîner des amis, ils s'extasiaient d'un rien :

— Des coquillettes au beurre ? Il ne fallait pas !
— Et avec du jambon blanc...
— Du jambon ? Vous avez fait des folies !

On ne festoyait plus guère dans le peuple, au terme de la première année du règne de Nicolas Ier, et on ne croyait plus que le pouvoir donnât du pouvoir. Une indifférence molle succédait à quelques accès de colère. A Perpignan, le président du bureau de vote n° 4, un électricien à la retraite, avait dissimulé des bulletins dans ses chaussettes afin que le Parti impérial l'emportât. Croyez-vous qu'on s'en indignât ? Nullement. Cela fit simplement matière à plaisanterie sur le minable de la fraude ; que des absents ou des morts votassent n'empêcha point que sept sur dix des villes les plus importantes passassent à la Gauche. Eh oui, la Gauche que Sa Majesté croyait avoir réduite en poudre existait, non pas dans son état-major mais par sa piétaille, et l'on eût dit qu'elle avançait comme un canard auquel on aurait récemment coupé le cou, et qui se dandine, marche encore quelques mètres. A dire plus vrai, la Gauche n'avait point perdu la tête mais elle en avait trop quand il ne lui en fallût qu'une seule pour la piloter ; les troupes de la Gauche cherchaient un chef et ne le trouvaient pas. Le Parti social était comme une hydre, ce monstrueux serpent de la mythologie dont les neuf têtes repoussent à mesure qu'on les coupe.

L'une de ces têtes néanmoins se dressait pour dépasser les autres au sortir de la bataille, celle devenue fort populaire du duc de Paris, M. de la Noë ;

il avait conservé la capitale à la Gauche et se posait comme l'image inversée de Sa Majesté ; il avait une modestie travaillée qui lui permettait de ne triompher qu'en secret et d'apparaître à la Droite en adversaire noble. Le duc de Paris avait le cheveu clair et follet que le moindre courant d'air ébouriffait, un long nez à bout rond, des cernes en valises jusque sur les joues de son visage long, mince, tout en angles, et avec cela un œil comédien qui savait jouer de l'affligé au furieux, du sévère à l'amusé, ou au désabusé, au moqueur ; cet homme parlait du visage. Il avait des qualités de capitaine, ses projets étaient hardis, vastes, et nul autre plus propre à l'exécution et aux divers maniements d'électeurs, de loin pour cacher son dessein, de près pour se poster et attaquer. On disait qu'il avançait en crabe entre son goût pour le collectif et celui pour lui-même, à la fois réfléchi et emporté, concentré et colérique, décontracté et autoritaire, mais d'abord intègre, ce qui changea la physionomie du duché de Paris. Sinon, on savait sur lui peu de chose, qu'il était né à Tunis et avait acquis une maison à Bizerte où il se réfugiait parfois pour profiter du soleil africain. Il disait volontiers : « Je ne demande rien mais je ne refuse rien. » Il aimait s'entourer de professionnels qui ne parlaient pas davantage de lui, mais, se risquant à tracer le portrait du futur chef de la Gauche détraquée, il fit son portrait, celui d'un homme qui le matin à six heures trente dépliait les gazettes en buvant son café, préparait aux ciseaux une revue de presse pour ses collaborateurs et s'asseyait à sept heures trente derrière son bureau. Deux lundis par mois il réunissait ses experts dans un bistroquet et le mardi ses amis politiques dans une brasserie ; parmi ces derniers on remarquait presque toujours le Commandeur Jospin, celui-là même qui avait jadis mené le Parti social au désastre en affirmant que son programme n'appartenait point à la Gauche, et la Gauche l'avait envoyé s'échouer à l'île de Ré pour qu'il y taquinât le merlan. M. le duc de Paris avait monté les échelons de ce Parti où le roi Mitterrand l'avait appelé trente-cinq ans plus tôt, et s'il apparaissait comme neuf c'est qu'il avait travaillé dans l'ombre. Il défendait l'impôt et les espaces verts, les gratte-ciel, citait Montesquieu pour récupérer maladroitement le mot libéral, qu'on associait pourtant au laisser-aller des financiers, traitait Sa Majesté de démagogue, la montrant en populiste, désinvolte, artificielle. Paris était un symbole, et ce symbole l'ayant étoffé, le duc songeait à réunir la Gauche dans son entier. Sa victoire eût été plus importante s'il avait accepté l'appui des troupes du comte Bayrou, qu'on appelait François-Sans-Terre ou Monsieur du Béarn, lequel n'étant nulle part pouvait être partout et proposer des alliances à la Gauche aussi bien qu'à la Droite, en échange des miettes d'un pouvoir qui le fuyait jusque dans sa place-forte de Pau, où il fut mis à mal. Le duc de Paris voulait vaincre seul et il refusait de s'empêtrer dans les escadrons hétérogènes et peu fiables du Béarnais, lequel lui semblait trop moucheronner sa pitance, telles ces truites qui sautent hors de l'eau pour attraper des insectes au vol. Le duc s'inquiétait en revanche des groupuscules qui s'agglomérait à l'extrémité de la Gauche, toujours à l'affût pour détacher des électeurs du Parti social et se les approprier. Parmi ces prédateurs il y en avait un plus dangereux que les autres, un jeune homme poupin de la face, un gouailleur aux joues rondes qui attirait à lui la sympathie de ce que le pays comptait de déclassés et de mal contents ; il se nommait M. de la Poste car il était facteur et, sur son cycle jaune, portait le courrier à Neuilly ; il se plaisait à ce métier d'en bas très considéré, qui lui laissait du temps libre et une fiche de paie qui pouvait témoigner de son appartenance au peuple travailleur. M. de la Poste ramassait les colères pour alimenter la sienne, et il avait eu cette illumination quand un crime raciste et nocturne fut commis sur un garçon à la peau caramel, non loin du pavillon de ses parents, à Louviers. Depuis, caché derrière sa révolte, M. de la Poste avait avancé au pas de charge dans une ligue qui défendait les grévistes, les maltraités, les moyens pauvres et les très pauvres, et il se fit un nom comme prédicateur. Sa bonne parole, ce fils d'enseignants qui jouait aux dominos à Levallois, avec une arrière-grand-mère qui lui racontait la geste des Communards, fut écoutée de plus en plus quand les orateurs du Parti social l'étaient de moins en moins, ayant troqué les ouvriers pour des notables. M. de la Poste évangélisait aux grilles des usines, il courait le pays avec un porte-voix pour assister les sans-travail, les sans-papiers, les sans-logis, les sans-le-sou desquels il était apprécié et auxquels il signait des autographes.

M. de la Noë se méfiait de cet opposant permanent qui raillait quiconque espérait gouverner en disant que participer au pouvoir n'était point son carburant.

M. de la Poste réfutait ainsi l'idée de devenir un professionnel de la politique, ce qu'il était car il apprenait ses discours par cœur, et même ses répliques, truffant ses exposés de chiffres vérifiés et d'anecdotes édifiantes, avec une langue polissonne et drue qui ne manquait pas ses cibles, et surtout un accent de passion qui le rendait convaincant, selon ce que M. de La Rochefoucauld avait noté dans l'une de ses maximes en 1678 : « Les passions sont les seuls orateurs qui persuadent toujours. Elles sont comme un art de la nature dont les règles sont infaillibles ; et l'homme le plus simple qui a de la passion persuade mieux que le plus éloquent qui n'en a point. »

Le duc de Paris voyait M. de la Poste en sectaire, fermé sur sa révolte malgré une mine d'ange et cette générosité qu'il portait en sautoir : « Il est de ces gens, disait-il, qui protestent mais ne produisent jamais aucun progrès social. » Le programme de M. de la Poste relevait en effet de l'utopie communiste la plus pure, école et transports gratuits, licenciements interdits, nationalisation des entreprises et des industries utiles au peuple, à quoi le duc répondait que son utopie à lui se résumait en un mot : justice. Ce que le duc reprochait avant tout à M. de la Poste, ce n'était point tant son intransigeance de Jacobin romantique, mais qu'il fût l'ennemi public n° 1 du Parti social, qu'il étrillait, au lieu de porter ses forces contre les abus du Parti impérial. N'était-il point séduit par les vertus du gouvernement que Sa Majesté avait composé dans la diversité, treize femmes ministres, un savant mélange de blanc et de couleur, de jeunes et de ventripotents ? N'allait-il pas jusqu'à saluer tel discours du Prince et donc y adhérer ? Tandis que M. de la Poste grignotait la Gauche comme les termites un grenier, on s'en réjouissait à Droite en lui donnant de l'aide afin qu'il continuât son travail de destruction. Le baron Bertrand, pour rejeter le Parti social dans ses limbes, hissa M. de la Poste au rang de principal opposant, le mettant par là en valeur, mais il était normal de l'adouber pour services rendus puisqu'il ôtait des thèmes, des régiments et des sympathies à la Gauche. A l'image de ce soldat athénien dont parlait Aristophane, qui utilisait sa cuirasse comme pot de chambre, Notre Roublarde Majesté détournait le révolutionnaire déclaré en Transfuge d'honneur parce que précieux allié objectif de la Droite.

Son armée en pleine déconfiture, ayant cédé vingt régions sur vingt-deux à ses ennemis, Notre Mont-Blanc de la Stratégie en profita pour modifier son cap, du moins dans les apparences, et domestiquer un tantinet les pulsions qui électrisaient son tempérament. Il se plia et sacrifia aux usages de sa fonction, s'exposant pendant une longue semaine dans des postures qui étaient mieux naturelles à ses prédécesseurs qu'à lui-même. Il lui fallait prouver qu'il s'occupait en exclusivité de ses sujets, même s'il continuait à recevoir au Château, comme un simple chef de clan, les lieutenants les plus fervents du Parti impérial. Le printemps commençait mais il était froid et pourri. Bravant ce temps maussade, Notre Hardi Souverain endossa un gros pardessus bleu marine, fort sobre, et il se donna de la hauteur dans la cour des Invalides où l'on se tordait les chevilles sur les pavés inégaux, pour saluer le dernier poilu de la Grande Guerre qui venait d'expirer centenaire et dont le principal fait d'armes était de ne point avoir été haché par la mitraille. « On ne construit pas l'avenir en oubliant son passé », chanta Notre Glorieux Maître sur des paroles du chevalier de Guaino et une musique de M. Rouget de l'Isle. Il prit encore de la hauteur dans le brouillard de Haute-Savoie, sur ce plateau des Glières où plus de cent maquisards avaient été abattus comme des lièvres par les Germains sanguinaires. Il sut maintenir un air grave, même si en souliers de ville il dérapa dans la neige et manqua s'étaler, mais il rétablit son équilibre et put entendre le clairon sonner aux morts devant le mémorial. Il dit quelque chose de ce genre : « On ne construit pas l'avenir en oubliant son passé », le couplet faisait dorénavant partie de son récital, avant de filer à Cherbourg pour se mettre en lévitation martiale au bord du bassin où flottait notre dernier sous-marin atomique qui, pour faire peur, avait été baptisé *Le Terrible*. Autre discours mais tourné vers l'avenir : « Si on nous menace, crac ! nous on riposte aussi sec ! » Toujours porté par sa lubie du nucléaire, Notre Intrépide Monarque songeait à vendre des centrales aux Anglais qui en avaient le désir.

Parce que Leurs Majestés étaient invitées à Londres pour trente-six heures chez la Reine, le chef du protocole donna à Notre Gracieux Souverain des cours de maintien accélérés qu'il subit en râlant :

— Sire, devant la Reine, vous ne devez pas parler le premier…

— Bon bon, j'attendrai qu'elle me siffle.

— Et lui répondre en anglais…

— J'ai appris ça hier avec ma femme qui parle tout plein de langues comme si c'était la sienne. Je sais dire « Comment allez-vous ? »

— How are you ?

— C'est ça, owariou.

— Avec la Reine, Sire, vous devez dire au préalable Your Majesty.

— Iourmajesti, okay.

— Et puis il faudra éviter les familiarités…

— D'accord, j'lui tapote pas dans l'dos.

— Surtout pas, Sire ! Les Anglais seraient choqués. Le roi Chirac avait fait un scandale en lui frôlant le coude.

— Et à Londres y m'achèteraient pas mes centrales, compris. J'me tiendrai à distance.

— C'est cela, Sire. Au déjeuner privé de midi, comme au dîner de vingt heures, il ne faudra pas vous avachir sur votre chaise en tapisserie, mais rester droit, si c'est possible, les mains sur les genoux.

— Comment qu'on mange, alors ?

— Je veux dire : entre les plats. Autre détail essentiel : ne posez pas à la Reine de questions personnelles.

— Si je lui d'mande du Coca light, c'est personnel ?

— Ah ! Sire, il faudra vous contenter du chassagne-montrachet et du château-margaux 1961 prévus au menu, dont voici d'ailleurs une copie pour vous habituer au repas de gala :

Filets de barbue Béatrice
Noisette d'agneau Bréhan
Salade au fromage
Savarin à la rhubarbe et sa crème

— Pouah !
— Et il ne faudra pas vous lever de table le premier, comme vous faites au Château après votre yaourt. Pour le soir, Madame devra éviter les couleurs trop vives, et vous, Sire, vous porterez une queue-de-pie...
— J'l'ai déjà essayé, ton costume, devant la glace, on dirait que j'suis un pingouin.
— Parce que vous vous dandinez, Sire. Tentez de marcher droit et souple.
— Tu trouves que ça m'va, toi, ce gros nœud en papillon et le col si raide qui m'gratte ?
— Certainement, Sire. N'oubliez pas ce qu'a dit de Votre Majesté un fin connaisseur de Votre Majesté, ce M. Plantu qui vous croque chaque jour à la une de sa gazette dans un costume très différent : peu importe comment on l'affuble, on le reconnaît sous tous les déguisements, tout lui va, la tenue de Bécassine ou celle de Louis XIV, le bonnet du Schtroumpf, la coiffe en abat-jour de Mme de Fontenay, si élégante...
— J'aurai pas l'air ridicule ?
— Vous, Sire ?
Au-delà de la Manche, les Britanniques fourbissaient un accueil à leur façon, moqueurs par avance, présentant Notre Prince Inquiet en grenouille agitée et diffusant dans *The Telegraph* et le *Daily Mail* une ancienne photo de Madame qui posait toute nue en

107

mimant une *baby doll*, un cliché mis aux enchères pour le prix d'un pudding. Nonobstant ces piques d'un effroyable mauvais goût, dès la descente d'avion à Heathrow ce fut un succès, même si Madame, bafouant le protocole, descendit la première parce que Notre Leader, s'il l'avait précédée, eût été quelques marches en dessous et n'en eût paru que plus petit, et elle trop grande, derrière, malgré ses ballerines. Cependant les Anglais ne virent qu'elle, mais elle l'avait fait exprès. Elle avait choisi d'apparaître stricte, chic et sage, laissant au chef couturier de M. Dior, un citoyen britannique, le soin de ses panoplies. Elle arriva en gris souris, comme une parfaite reconstitution de Mme Jackie Kennedy qui avait tant plu aux foules, souriait pareil, marchait pareil, tenait pareil son sac noir. Elle baissait les yeux avec modestie, fit devant la Reine une révérence genoux serrés, très élaborée et très remarquée comme si elle avait fréquenté ce monde toute sa vie, mais elle avait fréquenté ce monde toute sa vie, elle était chez elle et son aisance n'était point feinte. Il n'en était pas de même pour celui qu'elle nommait désormais et sans cesse « monmari », c'est-à-dire Notre Prince Emoustillé qui tombait soudain sur une autre planète et que tout émerveillait, les oursons des *horse guards*, la Bentley royale, les carrosses dorés, la musique des cors de chasse, et il avait du mal à refréner ses secousses de l'épaule et ses grimaces, surtout le soir au palais de Windsor, quand il entra à côté de la Reine dans le Saint George's Hall où l'on avait dressé pour cent convives enguirlandés une table d'acajou de soixante mètres, avec six verres par personne, des assiettes d'argent, des fleurs et des petits pains mous ; il ne put que bredouiller : « Vairi bioutifoule, iourmajesti… » Mis à part deux rots qu'il sut contrôler pendant les discours, car il avait dû boire une gorgée de champagne, Notre Leader Ebloui ne retint guère l'attention qui se porta tout entière vers Madame, en robe-fourreau, avec des bijoux discrets et rares prêtés par M. Chaumet de Paris. Elle savait contrôler à chaque seconde l'image qu'elle renvoyait, et ce fut la seule, à table, qui regarda l'objectif car elle avait d'instinct repéré le photographe. Les gazettes londoniennes ne parlaient que d'elle. Les télévisions l'isolaient en gros plan et laissaient à part les vraies princesses emplumées, emperlousées, harnachées comme des poneys de concours. Le *Daily Express* titrait amoureusement : « Ooh La La Madame » et *The Sun* d'habitude si vulgaire battait des cils : « Bienvenue en Grande-Bretagne, Madame », avec une question en caractères gras : « Mais qui est le petit homme qui l'accompagne ? » Dans les pubs, les buveurs de bière forte se demandaient : « Comment a-t-il réussi à la séduire ? » Les plus malins remarquaient que Madame était en train de remplacer la regrettée lady Diana dans le cœur des Anglais ; elle faisait oublier à ces insulaires leur crise de la finance, les ratés du Terminal 5 de l'aéroport de Londres et leurs morts de Bassora, en Irak. Allait-elle réussir chez nous la même prouesse ? Allait-elle civiliser Notre Prince Indomptable ? et comment ? La chose était incertaine, tant un baume pouvait parfois se changer en poison : on avait inventé la morphine pour soulager la douleur des blessés de la guerre de

Sécession, mais les bougres s'y étaient habitués, alors pour les en délivrer on avait inventé l'héroïne ; d'un bien sort un mal comme d'un mal sort un bien, et si les Anglais avaient été les premiers à trancher le cou d'un roi, rappelons que les Français avaient été les premiers à guillotiner une reine.

Chapitre V

L'HOMME QUI N'AIMAIT PAS LES FRANÇAIS.
– UNE FABRIQUE DE COUACS. – ANNIVERSAIRE
EN SOURDINE. – « COMME IL A CHANGÉ ! ». –
CEUX QUI SE LÈVENT TÔT. – LA NARCISSE AND
CO. – A MOI L'EUROPE ! – RUDESSE DE
L'EMPEREUR DE CHINE. – VOYAGE AU PAYS
DU FAUX. – LES DRAGONS DU STADE. – LE
TZAR VLADIMIR SE REBIFFE.

Brusquée par l'opinion, Sa Majesté eut des vertiges. On lui reprochait encore d'avoir insulté vertement un malotru ; son « casse-toi, pauv'con ! » n'en finissait point de lui revenir en boomerang. Tout semblait bon pour l'exaspérer. Quelques hostiles avaient fouillé les archives pour ressusciter les répliques brûlantes des prédécesseurs de Sa Majesté en de semblables circonstances. Lorsque le roi Chirac se fit traiter de connard par un excédé, il lui tendit la main : « Enchanté ! moi c'est Jacques Chirac. » Autre repartie qui cinglait, celle du roi Mitterrand ; un homme braillait « Mitterrand, fous l'camp ! » ; se tournant, le roi ne lâcha que deux mots en forme de commentaire : « Rime pauvre. » Notre Furieux Leader n'avait pas davantage la classe que la cote, aussi s'emportait-il souvent à huis clos : « Y m'trouvent vulgaire, hein, c'est ça ? Comme je suis pas riche, j'aurais pas l'droit au luxe et aux grosses montres ? Ça les dérange, avec leurs châteaux hérités, leurs hôtels particuliers et leur magot bien planqué ! » Disant cela, Le Prince ne se rendait pas compte qu'il traçait le portrait de Madame, laquelle avait hérité, possédait de l'argent et des biens de famille, mais il ne s'agissait pas de le lui faire remarquer sinon il vous fusillait, d'abord du regard.

Ses services avaient aménagé pour Notre Père du Peuple des rendez-vous auprès des travailleurs en sursis afin qu'il s'y montrât compatissant à défaut d'être efficace, et pût déverser son sirop en abondance. Des policiers, en uniformes ou en blousons, préparaient le terrain et quelquefois proposaient eux-mêmes les images lessivées de ces rencontres impromptues. Ils photographiaient aussi pour la police le public déjà trié, saisissaient les calicots et éloignaient quiconque sentait le protestataire. Notre Moderne Leader ayant pris des cours d'humour avec M. Le Grossier du Bigard, s'élançait sans complexes au-devant du populaire, avec pour bagage un lot de répliques troussées, comme à Melun en face de chômeurs. Il prit les mains d'une dame qui eut un recul :

— Mon amoureux veut pas que vous me touchiez.

— Hé ! dit Notre Prince en finassant, j'lui présenterai ma femme.

Sa Majesté riait seule de sa blague avant de discourir sur la crise du porc et le coût du jambon fumé devant un public somnolent. Pour rehausser Nicolas Ier il fallait aussi convaincre ce que Notre Monarque appelait avec un rictus de dégoût « ces élites qui ont renoncé à faire les choses ». Il fut donc obligé d'organiser des déjeuners en forme de pensum avec des intellectuels qu'il pourrait retourner en sa faveur par la luxuriance de sa conversation et la profondeur de ses curiosités. Il y eut de nombreux repas où se pressaient des essayistes, des éditeurs, des artistes dans le vent, tous brassés, les déjà conquis et les sceptiques curieux de le voir pour le juger. Les convives ne parvenaient point à placer un mot puisque Notre Prince Loquace parlait sans interruption, principalement de lui. Il avait rodé un numéro qu'il reproduisait à l'identique devant chaque tablée : il ôtait de son poignet sa nouvelle montre d'un or discret et la faisait circuler autour de la table en interprétant à chaque fois le même texte : « Mon chrono Rolex, on m'disait que ça f'sait m'as-tu-vu, alors l'Impératrice elle est allée dans la boutique la plus chère de la place Vendôme, et elle a demandé ce qu'ils avaient de plus coûteux, j'vous dis pas l'prix, mais ma Rolex à côté c'était rien du tout. » La montre de luxe tournait avec des précautions de main en main, au-dessus des assiettes, et chacun y allait de sa phrase hypocrite : « Belle pièce, Sire. » Quand ils ressortaient du Château, les convives n'avaient rien appris et ils pensaient que Sa Majesté avait un langage de charretier, plus encore qu'ils ne l'avaient imaginé ; beaucoup étaient consternés.

C'était l'époque où les gazettes questionnaient psychiatres, psychanalystes, psychologues, neurologues, zoologues, magiciens et fakirs pour connaître l'état mental de Sa Majesté que ce type de discussion mettait en boule. L'un avançait que le pouvoir étant un sacrifice et une horreur, celui qui le briguait devait y trouver un plaisir maladif de toute-puissance. Un autre expliquait que Notre Leader était saisi comme un adolescent travaillé par ses pulsions, et non comme le père de la patrie, ce qui était inédit car ses sujets se percevaient en adultes face à lui. « Notre société s'infantilise », continuait une autre, et le Souverain était à son image, il se moquait de transmettre et ne voulait profiter que du présent, comme un gamin, un chef de bande fasciné à la fois par l'ordre et la provocation ; cela expliquait ses accès de rage lorsqu'il n'obtenait point ce qu'il voulait ou qu'on lui résistait. Etait-il psychopathe ? se demandait-on à son chevet. L'individu chez lui passait avant la fonction et il jouissait de son pouvoir au détriment du peuple, ce qui définissait un tyran. Certains rusés l'estimaient en étudiant sa Cour, afin de comprendre le mélange savant des personnages qui la composaient et s'y neutralisaient selon un principe de M. Machiavel : « Les princes, et particulièrement les princes nouveaux, ont trouvé plus de fidélité et d'avantage chez les hommes qui, au début de leur règne, ont été tenus pour suspects, que chez ceux en qui ils avaient initialement confiance. » Les vrais fidèles des débuts se voyaient écartés des postes dont ils rêvaient et placés en réserve, ce fut ainsi que le général baron de Vedjian n'eut point la charge espérée de la Justice, ni le comte Hortefeux la direction des polices.

On s'aperçut à l'usage, de toute façon, que les ministres n'avaient qu'une influence de façade, qu'il existait une hiérarchie officielle et une hiérarchie réelle, et que cette dernière ne tenait qu'aux faveurs du Souverain, exactement comme autrefois à Versailles où les valets en savaient plus que leurs maîtres : la belle-sœur du roi Louis XIV mit vingt ans à apprendre que celui-ci s'était remarié, ce que le valet de chambre Bontemps sut tout de suite. Les Conseillers tiraient aujourd'hui les ficelles et actionnaient les ministres à la manière de pantins, mais ceux-ci ne protestaient guère, à l'abri des apparences même si quelquefois leur inutilité les aveuglait ; ce jour, par exemple, où la marquise de La Garde demanda aux huissiers de son palais de Bercy : « Où sont mes gens ? », et s'entendit répondre : « Ils sont au Château. » La ministre des Finances impériales n'avait pas été prévenue parce que Sa Majesté n'en avait cure, et que tout se décidait dans ses salons. Entre eux, les ministres se contredisaient, se volaient la parole et les annonces, se guettaient, s'envoyaient des rosseries ; la Princesse Rama se plaisait à rapporter les propos désobligeants du Prince sur le comte d'Orsay, dont elle faisait semblant de dépendre : « Quand le comte va quelque part dans le monde, il faut repasser derrière lui pour réparer. » Ces animosités entretenues, par lesquelles Sa Majesté contrôlait, produisaient souvent de fort vilains couacs, selon un mot qui devint à la mode et que le dictionnaire définit : « Couac, n. m. – coac 1544 ; onomatopée. 1 Son faux et discordant. *Trompette qui fait un couac.* 2 Fig. Maladresse, difficulté (cf. fausse note). » Les fausses notes proliféraient puisque personne ne se tenait au courant ni ne tenait au courant ses supérieurs et ses subordonnés. Aussi on supprima un matin la carte de réduction pour les familles nombreuses qui voyageaient en chemin de fer, mais on la rétablit le soir devant les protestations du peuple, pour en étendre même les avantages. Le matin, l'Etat ne remboursait plus les lunettes des myopes et le soir, si. Chaque annonce accouchait de son démenti. Avec l'à-peu-près, l'arbitraire devint la règle chez nous. Lorsque des travailleurs sans papiers légaux, employés depuis des années et qui payaient l'impôt, occupèrent leurs entreprises pour qu'on les régularisât, et non qu'on les naturalisât comme confondait Notre Prince, lequel s'adonnait également à l'art du couac, cela se régla le jour où l'on s'aperçut que les neuf marmitons d'un restaurant de Neuilly, fréquenté par Notre Souverain, en bloquèrent les cuisines et ne récurèrent plus les casseroles maculées de sauces.

Les fantaisies duraient depuis déjà un an.

Notre Munificent Seigneur refusa de célébrer le premier anniversaire de son sacre éblouissant, au moment où dans les rues des lycéens en cortège réclamaient des professeurs, d'autres de l'essence ou du pain, des pâtes, des soins ; d'autres encore donnaient de la voix pour conserver près de chez eux un tribunal, une caserne, un hôpital, une maternité, un bureau de Poste, une épicerie, une école que par économie Sa Majesté entendait fermer dans les bourgades. La seule fête notoire eut lieu dans la ville de Lyon. Des artistes et des jeunes inamicaux organisèrent une parodique manifestation de la Droite, pour reproduire le sacre de Nicolas Ier. Leur défilé descendit de la colline de la Croix-Rousse, où commençaient naguère les émeutes, pour aboutir place des Terreaux. Il y avait des faux scouts plus benêts que nature, des fausses bigotes avec des croix autour du cou, des fausses mondaines en boas de fourrure, et tous levaient des pancartes ironiques : « Les chômeurs, rentrez chez vous ! » ou « La retraite, c'est pour les lopettes ! » Devant une maréchaussée ébahie, ils scandaient : « Nous sommes fiers, des violences policières ! » puis, sur les marches de l'hôtel de ville, ils couronnèrent un simulacre de Nicolas Ier qui reçut en glapissant les coups de bâton d'un Guignol de belle stature. Rosser Sa Majesté était le vœu secret de celles et ceux qu'il avait déçus, qui constataient que rien n'avait changé malgré ses mots et ses mouvements du menton ; les inquiétudes s'amplifiaient. Quand Notre Vaniteux Leader joua l'humilité en reconnaissant avoir commis des erreurs, il y eut une lueur, mais non, ces erreurs étaient de communication, disait-il, car il n'avait pas assez expliqué ces réformes à foison auxquelles personne ne comprenait plus rien.

Pour s'enfler le plumage, Notre Prince décida de rencontrer plus souvent le populaire qui lui faisait désormais défaut et montrait le poing, alors il visita le marché de Rungis à cinq heures trente du matin, et, surprise, pour se protéger des lapsus et des coups de gueule, il avait emmené Madame, pomponnée, maquillée, réveillée, en trench-coat marron parmi les garçons bouchers en blanc et les carcasses rouges qu'il fallut passer en revue. Dans le pavillon des fromages, où les grandes narines de Sa Majesté semblèrent indisposées, Madame croqua courageusement une tartine, et au pavillon des fleurs, où elle sentait encore le pont-l'évêque, elle reçut un bouquet de roses arc-en-ciel et eut un mot qui se répéta toute la matinée : « C'est exceptionnel ! » Elle eut ensuite la présence d'esprit de retenir Son Charmant Amour quand il voulut visiter le pavillon de la marée, très dégarni à cause de la grève qui fermait nos ports ; La Rochelle, Le Croisic, Les Sables-d'Olonne étaient paralysés ; les pêcheurs s'insurgeaient contre la hausse du gazole qui les laissait à quai. Madame détourna Son Imprudente Majesté de ce funeste projet, par crainte de recevoir en pleine figure une aile de raie gluante, ce qui aurait détruit l'antirides de ses joues et le rimmel de ses cils. Elle trouva une dérobade toute simple, car elle était maintenant toute simple, si simple, simplette presque :

— Si on prenait un espresso ?

— Ben oui, un café, à c't'heure c'est mieux qu'une choucroute.

Plus tard, devant les micros d'une radio privée, Notre Bondissant Leader rendit compte de sa visite : « J'ai vu la France qui se lève tôt, vers minuit, hein, et qui casse pas les Abribus, qui manifeste pas... » Il n'avait pas vu les manifestants parce qu'avant son arrivée ils avaient été priés de déguerpir. La leçon à retenir de cette aventure matinale, ce fut le rôle affirmé de Madame, dont la présence à Rungis n'était point obligatoire mais utile.

Avec le printemps, Madame s'affirma. Les gazettes la réclamaient et elle s'affichait pour adoucir l'image du Prince, si cabossée. On répétait qu'elle l'apaisait et que, grâce à elle, il changeait. Cela ressemblait à une opération fort calculée : la cote d'amour du Souverain Conspué devait remonter à ce prix. On eût dit que Madame et Lui avaient signé un pacte et monté une société qu'on aurait pu nommer la *Narcisse and Co.* Ils s'aimaient beaucoup, mais d'abord eux-mêmes, et se célébraient l'un l'autre. Sa Majesté vantait à la moindre occasion la beauté extrême et l'étincelante intelligence de Madame, et Madame expliquait au monde entier les vertus et le brillant de Notre Prince Charmant, si travailleur, si tendre, si rapide. La mèche sur l'œil, Madame récitait des poèmes de Joachim Du Bellay dont elle plaçait *Divers jeux rustiques* sur sa table basse, à portée de gazetiers, tant il fallait soigner les détails pour parfaire son portrait et le guider. Madame avait autrefois vendu sa silhouette, puis sa voix froissée, c'était aujourd'hui au tour de son cœur, lequel ne battait que pour Notre Leader, et même elle affirma qu'il en était l'unique raison, qu'elle aurait eu le même coup de foudre s'il avait été médecin ou plombier ; personne n'eut le droit de rire en imaginant la scène.

Imaginons la scène.

Nicolas Ier ne règne pas, il porte un bleu de travail, une sacoche, et vient déboucher un évier dans la vaste demeure de Mamma Marisa au cap Nègre. Il étudie le problème, comprend aussitôt, dévisse le siphon et jette un monceau de cochonneries dans un seau ; ô miracle, l'eau coule à nouveau dans les tuyaux jusqu'à la mer en contrebas. La comtesse Bruni est là :

— L'eau coule à nouveau, dit-elle en écarquillant ses yeux très bleus.
— Ouais M'dame, ça s'évacue.
— C'est merveilleux !
— Non M'dame, c'est le siphon qu'était engorgé.
— Quel talent !
— Faut connaître ces connards de tuyaux.
— *Amore mio !*

La comtesse et son plombier, que sur la Côte d'Azur on appelle les amants du cap Nègre, se marient le mois suivant dans une chapelle privée, et afin que l'affaire soit rentable, la comtesse supplie son agent artistique pour que cet élan d'amour fou se transforme en film gagnant. *Le Plombier de Saint-Tropez* est un énorme succès qui en mérite une ribambelle ; *Le Plombier se marie*, *Le Plombier en croisière*, *Le Plombier à New York* font de Notre Leader une star du cinématographe comique, et chacune de ses apparitions plie de rire des millions de spectateurs ; comble des honneurs, il obtient le Charlot d'or au festival d'Aix-les-Bains...

Foin des contes de fées ! Notre réalité fut plus amère. Si Madame rameuta ses amis du monde de la culture, ce fut en Transfuge efficiente qui rapportait leurs doléances à Notre Grand Protecteur des Arts et des Lettres. Ce dernier entendit par la voix chuchotée de Madame les folles anxiétés des gens de la télévision qu'il menaçait ; désireux de casser le service public, Notre Leader pensait en offrir toute la réclame au privé, qui en userait à l'excès au risque d'effriter son audience, et de tomber à son tour aux oubliettes. Madame calmait les artistes pour les neutraliser, encourageait d'inutiles rencontres au Château tandis que Notre Prince se concentrait sur la nouvelle image jeune et dynamique que Madame lui confectionnait par petites touches, avec parfois des maladresses comme celle-ci : « Mon mari, disait-elle, n'est pas du tout conservateur. Il ne correspond pas non plus à toute une fraction des personnages qui composent son Parti. » Ainsi traités de tocards, les grognards du Parti impérial apprécièrent modérément.

Malgré le contrat de la *Narcisse and Co*, Madame soignait d'abord son reflet. Elle consultait les blogs des internautes pour savoir ce qu'on pensait d'elle, comme ce Bonaparte qui enfilait incognito une redingote et mettait un chapeau de péquin pour mesurer dans les rues populeuses sa nouvelle célébrité. Elle dévorait les gazettes ou les livres qui parlaient d'elle et brocardaient son mari, cet angelot si malmené. Madame espérait rectifier ses défauts pour plaire, alors elle simulait le naturel et le discret, se prétendait curieuse de tout, admirait les contraires avec une innocence fabriquée car elle était trop maligne pour être naïve, et elle en fut quelquefois familière jusqu'au mauvais goût quand, pour un magazine en papier glacé, elle posa dans le décor pompeux du Château, assise au bureau impérial à côté de Notre Prince Enamouré qui proposa tout de go au paparazzo préféré de son épouse :

— Tu veux voir c'que ça fait d'être monarque ?
— Moi ? dit le baroudeur en blouson beige.
— Eh bien viens t'asseoir sur mon fauteuil impérial qu'a plein de pouvoir dans l'coussin.

— Vraiment, Sire ?

— Mon mari te le demande, Pascalou, dit Madame d'une voix fondante.

Et Sa Majesté en personne prit le cliché de l'Impératrice et de son portraitiste, lequel plaçait une demi-fesse sur le siège le plus convoité du mobilier national.

En dépit de ses efforts constants, l'opinion ne couronnait point Madame comme elle l'eût espéré, et si 92 % des sujets de l'Empire la jugeaient élégante, 16 % seulement la pensaient proche de leurs tracas ; au palmarès qui classait les épouses des souverains de la Ve dynastie, elle venait loin derrière la reine Bernadette, la reine Yvonne, la reine Claude, la reine Danielle et la reine Anne-Aymone, juste avant l'ex-Impératrice Cécilia, mal vénérée parce qu'elle avait déserté. Avide de modifier son image trop lointaine, Madame se cherchait une jolie cause humanitaire comme l'ignorance ou l'exclusion, un vaste programme à l'unisson de lady Diana, ne manquant pas dans ses voyages officiels de visiter au galop un dispensaire ou un foyer d'orphelins aux ventres en ballon et aux grands yeux effrayés cerclés de mouches vertes. En France, elle disait se consacrer d'abord à la sortie de son troisième album de chansons, et priait pour qu'il se vendît à millions. Afin de se promouvoir, on la vit plus qu'aucune autre chanteuse, puisqu'elle conciliait son rôle de saltimbanque avec celui d'épouse de Notre Foudroyant Leader auquel elle devait à cette occasion donner un vernis littéraire, au moins autant que Johnny Walker Bush avec qui elle prétendit discuter de M. Albert Camus. Les gazetiers en troupe louaient la sensibilité de Madame, ils écrivaient avant qu'on ne pût l'entendre que c'était « l'album le plus attendu de l'année », et une feuille féminine le présenta comme « un troisième disque sensuel, sensible et impertinent qui fait fi de la pression médiatique et du qu'en-dira-t-on ». On en eut à satiété et jusqu'à l'indigestion ; Madame ne pouvait dire grand-chose, pourtant, dont le sens ne fût aussitôt tourné de travers, et quoiqu'elle susurrât à la limite de l'audible, on vit à chaque vers des allusions à Sa Majesté, ainsi dans cette ritournelle au son des flûtes et des tambourins :

> *Tellement je tiens à être tienne*
> *Je fais ma croix sur ma carrière d'amazone*
> *Et ma liberté souveraine*

Si Madame avouait : « Mon éventuelle postérité est liée à celle de mon mari », son succès devait mêmement être lié au sien, qui flanchait, et elle avait oublié que Notre Prince avait déjà porté la déveine à des chanteurs trop intimes avec lui, que l'un reçut en scène une averse de pommes cuites, qu'un autre dut annuler des concerts car personne ne louait sa place pour l'applaudir. Madame en pâtit comme ceux-là ; au lieu de se ruer vers sa musique doucette, le public l'avait déjà trop vue, trop entendue, et elle fut boudée non pour ce qu'elle chantait mais pour ce qu'elle était.

Pendant ce temps, Notre Vorace Souverain continuait à apeurer le personnel de la politique pour en être mieux obéi ; il avait à ce sujet une maxime raffinée : « Quand tu veux tuer un mec, tu le lui dis pas six mois avant, tu fais copain, comme ça le mec se détend, ça attendrit la viande. » Lorsqu'il passa à Bordeaux pour y parler d'un mariage de raison entre l'Europe et l'Afrique, les employés de la mairie firent disparaître du jardin une magnifique œuvre d'art, un nain géant dont Sa Majesté aurait pu prendre ombrage en y voyant une moquerie sur sa petite taille. « Qu'ils me haïssent pourvu qu'ils me craignent », avait-on mis il y a bien longtemps dans la bouche du bon Empereur Néron, mais si Notre Magnétique Souverain, comme poussé par des puissances occultes dès son berceau, enviait cette formule violente et bien sentie, il ne pouvait guère l'appliquer que dans son entourage partisan ; en dehors de nos frontières il se faisait moquer. Au mois de juillet il le sut en recevant pour un semestre la royauté tournante d'une Europe mal réunie et peu fraternelle. A son grand dam, ce fut plus administratif que chevaleresque, tant la Cour de Bruxelles était une ingouvernable pétaudière. Sa Majesté dut subir les réticences variées de vingt-sept pays qui réclamaient sur tous les tons du social et non un surcroît de paperasse. Le Traité européen charcuté, compressé en pâté indigeste, immangeable, qui devait servir de viatique, ratifié par les Parlements de chacun, avait été refusé par les indomptables Irlandais, les seuls à avoir été interrogés par référendum. Ils avaient dit non. Ils espéraient une Europe mieux humaine. Notre Prince Tout-Puissant détestait les référendums, ne pouvant intervenir dessus, et, avec son exquise diplomatie, il fit savoir aux Irlandais qu'ils allaient revoter, et revoter encore jusqu'à ce qu'ils répondissent oui. Les Irlandais poussèrent des cris. Ils en poussèrent d'autres lorsque le comte d'Orsay, un expert en balivernes, les traita d'ingrats après ce que l'Europe avait fait pour eux. Les Irlandais étaient libres, ils n'étaient point comme nous, déjà accoutumés aux décrets de Notre Seigneur et à ses décisions qu'il prenait sans aucune concertation avec les gens. Sa Majesté osait tout, même ridiculiser les ouvriers à la tribune du Parti impérial : « Désormais depuis que j'suis là pour changer les choses, quand y a une grève en France, personne s'en aperçoit. » Cette formule narquoise provoqua les rires soutenus des militants impériaux, rangés en batterie comme des poulets fermiers dans la grande salle de la Mutualité, et partout ailleurs la désolation.

Si Notre Prince Persifleur cultivait son fondamental mépris des masses, il fit de l'humiliation l'une de ses armes favorites pour garder en laisse et muselière ses troupes. Muet, pâle, l'œil cerné, tordu par une sciatique pernicieuse, M. Fillon, duc de Sablé, se fit humilier lorsque Sa Majesté détacha sept ministres de son gouvernement, sans le prévenir, pour les consulter et leur distribuer des ordres chaque jeudi matin au Château. C'était un clan serré autour du Prince et dressé contre leurs collègues des autres ministères, qui, selon les mots du Souverain Perfide, devait être la structure d'un prochain gouvernement savamment mijoté ; humiliation encore, cette façon de s'approprier un gouvernement qui était en fait celui du duc de Sablé, et les sourires des élus radieux de leur aubaine, le baron Bertrand, le comte Woerth, le chevalier d'Arcos et quatre sous-fifres promis à un destin. On les vit d'ailleurs dans les feuilles populaires et mondaines, cet été-là, s'exhiber en famille pour se donner de l'humanité sous des titres ensoleillés : *Le bonheur du ministre est dans le pré* ou *Quelques moments de tendresse* sur une balançoire avec les enfants aux franges bien coupées.

La technique de l'humiliation s'étendait à toutes les catégories de la société. Ces paresseux de chômeurs n'avaient pas intérêt à refuser le travail qu'on leur offrait loin de chez eux et mal rétribué ; des diplômés devinrent balayeurs de rue, ce qui leur permit de méditer sur les princes. Les malades ? Humiliés ! Qu'ils contribuent à payer leurs médicaments, ils n'avaient qu'à bien se porter, et s'ils faisaient la grève des soins, tant pis. Les militaires ? Humiliés ! Sa Majesté disait que ces irresponsables méritaient la fessée, et la preuve de leur incapacité fut éclatante sous les murailles restaurées de Carcassonne. Ils faisaient les fiérots, ces soldats, en orchestrant une démonstration de leurs talents, et voilà qu'un sergent des parachutistes, confondant les balles à blanc et les vraies balles, mitrailla dix-sept curieux. Traité d'amateur, le général qui commandait l'état-major démissionna sur-le-champ. Un sale climat s'installa dans les casernes non encore désaffectées. La télévision publique ? Humiliée ! Le marquis de Carolis qui la dirigeait ? Persécuté ! Sa Majesté voulait élaborer elle-même les programmes et supportait mal l'insolence des journalistes ; l'autre soir, comme il venait pérorer sur un plateau, un technicien ne répondit pas à son bonjour, et Notre Prince fulmina, s'énerva contre le rustaud sans savoir que les caméras tournaient à son insu et que le spectacle de sa colère allait être vu par un million de personnes hilares. Peu après, asticoté, le marquis de Carolis traita de stupidités les idées de Sa Majesté sur la télévision publique, mais, le jour où ses revendications allaient faire la une des gazettes, la légitime fureur du marquis fut éclipsée par la libération surprise de Mme Betancourt. Celle-ci, française en même temps que colombienne, moisissait depuis sept ans dans la jungle, enchaînée à des arbres géants, et Notre Prince Charitable voulait faire un éclat mondial en la soustrayant aux guérilleros qui trafiquaient de la cocaïne ; de multiples tentatives ayant avorté, on s'attendait à ce que Notre Bien-Aimé Monarque fût parachuté au-dessus des Andes avec une carte des sentiers de randonnée et un bazooka puisqu'il disait tout faire lui-même. Hélas, le roi Alvaro qui régnait à Bogotá lui vola cette victoire en délivrant l'otage avec son armée et beaucoup de ruse. Quoi qu'il en fût de cette réalité, Notre Vipérine Majesté tenta d'en tirer profit en dépêchant au sud des Amériques un avion de sa flotte, avec le comte d'Orsay en steward, pour ramener Mme Betancourt chez nous avec force flonflons et mouchoirs mouillés, et tirer au peuple des larmes capables d'estomper pendant huit jours au moins la dureté du quotidien ; si la Renaissance italienne avait séparé la politique des sentiments, en reformant cet alliage Notre Pantalonesque Prince nous permettait de revenir plusieurs siècles en arrière.

Et ce furent les vacances.

La moitié des Français qui en profita partit moins loin et moins longtemps, ils négligèrent les menus des restaurants pour grignoter pas cher, comptèrent leurs sous et leur essence, et les gazettes, conformes à leur tradition estivale, indiquaient les villégiatures des principaux ministres, d'Arcachon à l'île d'Yeu, Bonifacio, La Baule, Chamonix pour le comte Woerth qui avait des mollets de grimpeur sous son costume gris souris, ou le Botswana pour le Transfuge Besson dont on avait oublié l'existence et la fonction. Au dernier Conseil du mercredi, chaque ministre eut droit à un fantastique cadeau d'au revoir, l'album de Madame signé de sa main, et ils s'attardèrent un par un sur le perron, montrant fièrement la pochette magique, ce qui fut une façon inédite de se courber devant le couple impérial auquel ils devaient honneurs, promotion et pitance ; le degré d'allégeance se mesurait à la largeur de leurs sourires et à la longueur de la dédicace.

Pour Sa Majesté, il n'était point question de reproduire le tapageur séjour de l'an passé dans le New Hampshire, quand on vit partout publiées les onze salles de bains de la villa moche et luxueuse qu'un milliardaire américain avait louée pour le repos de Notre Prince ; les porte-parole du Château mirent aussitôt les choses au point : comme tant de Français moyens, Madame et Notre Dynamique Monarque allaient bronzer tout simplement dans le Midi, non loin des campeurs du Lavandou. Ce fut en effet au château Faraghi, la résidence familiale de Mamma Marisa, en haut d'un promontoire et face à la Méditerranée, avec deux tours chapeautées de tuiles romaines protégées par une pinède et par des grilles : des policiers déguisés en touristes patrouillaient et surveillaient la pompe qui alimentait en eau de mer la piscine privée ; le survol de la propriété avait été interdit par décret ; dedans, il y avait plein de meubles anciens cent mille fois cirés et des domestiques zélés qui se fondaient au décor.

— C'est fou, ça, disait Notre Prince en extase. Je pose le soir mes habits dégoûtants dans l'couloir, et j'les retrouve le lendemain matin lavés, repassés et pliés !

— Parce que nous le valons bien, lui expliquait Madame avec sa voix d'hôtesse.

Notre Souverain sortit peu de ce paradis et il découvrit la lecture, dit-on, en parcourant *Bonjour tristesse*, parce que Madame lui avait fait projeter un film récent qui évoquait l'existence en dents de scie de Mme Sagan. On le vit aussi se glisser parmi les copropriétaires du cap Nègre, lesquels se disputaient sur la nécessité d'un tout-à-l'égout et ne voulaient point pour cela débourser un centime ; Notre Monarque (et le leur) promit qu'il les aiderait mais on ne sut si c'était avec son argent ou le nôtre. Des gazetiers cachés et des curieux surprirent Notre Majestueux sur les rochers avec un caleçon bleu et large aussi tarte que ceux des vacanciers normaux, et un autre jour sortir en courant de la villa, en maillot de la police new-yorkaise, puis revenir trempé de sueur à bord d'une Citroën C6 car aujourd'hui il s'essoufflait plus vite qu'hier. Rien ne troubla la sérénité de Notre Trésor National Vivant, qui ne commenta aucun des événements ordinaires de l'été, comme cette épidémie de bambins cuits, ces jeunes enfants que des parents distraits oubliaient dans leurs voitures en plein soleil, et qu'ils retrouvaient dans la soirée parfaitement morts et rissolés. Pas un mot non plus sur la fuite d'uranium de la centrale du Tricastin et ce nucléaire très sûr que vantait et vendait Notre Puissant Seigneur, mais cela n'égayait aucunement les maraîchers des environs qui ne pouvaient plus arroser leurs courgettes avec de l'eau irradiée. Pas un mot non plus sur ce funeste présage que fut l'effondrement du faux plafond de l'hémicycle, au Parlement européen de Strasbourg, et on nota que les vacances avaient sauvé par miracle les députés de l'écrasement. En vérité, je vous le dis, la grande affaire de l'été, dont on s'inquiétait depuis des mois, ce fut le stade en nid d'hirondelle de Pékin, ajusté *in extremis* pour l'Olympiade, et le monde entier se mit à regarder la Chine avec une curiosité effarée.

Nicolas Ier n'avait aucune honte à se prosterner devant l'Empereur de Chine puisqu'il régentait un milliard et trois cents millions d'hommes que Notre Prince Commercial imaginait en futurs acheteurs de nos produits manufacturés, ignorant que les neuf dixièmes de cette population n'était que du bétail ou pire, et cela depuis les origines ; un *Traité sur la nocivité des princes*, rédigé au IIIe siècle de notre ère par M. Pao King-yen, décrivait déjà une situation similaire : « On accable de corvées la multitude afin qu'elle assure l'entretien des officiers. Les nobles ont des prébendes tandis que le peuple vit dans la misère. » Une fois de plus, afin de se documenter, Sa Majesté avait préféré consulter le chevalier de

Guaino qui vint dans son bureau sacré avec quelques volumes des aventures de M. Tintin, où il puisait l'essentiel de son savoir immense :

— Là-bas, Sire, ils nous appellent les diables blancs ou les longs nez.

— J'ai un long nez, moi ?

— Pas trop, Sire, mais un peu tout de même, enfin oui, plutôt long, qu'importe, écoutez ce que M. Hergé a relevé à la page 43 du *Lotus bleu*. Les Chinois sont fourbes et cruels, ils portent une natte, passent leur temps à inventer des supplices et à manger des œufs pourris. Toutes leurs rivières sont pleines de bébés qu'ils jettent à l'eau dès leur naissance...

— En v'là une trouvaille ! On devrait noyer tous les connards qui naissent, ça ferait de l'air, on aurait moins de fonctionnaires, moins d'étudiants, moins de magistrats, moins de pots de colle qui font qu'à me grincher après quand j'veux moderniser !

— En Chine, Sire, ils sont plus brutaux que nous. On rapporte que, pour s'amuser, l'Empereur Chieh avait contraint trois mille de ses sujets à sauter dans un lac de vin pour s'y noyer...

— Du vin ? Quelle horreur !

— En résumé, Sire, il est d'usage de répéter que nous ne pouvons rien comprendre à ce pays lointain.

— Et le Tibet, qu'on m'casse les oreilles avec ?

— Même chose, répondit le savant chevalier en ouvrant *Tintin au Tibet* à la page 51. Voici la leçon que nous donne leur Grand Précieux : « Sache, noble étranger, qu'ici, au Tibet, beaucoup de choses

131

se passent qui vous paraissent incroyables, à vous autres, Occidentaux. »

Le chevalier aurait dû mieux exposer à Sa Majesté le cas du Tibet, en lui proposant des comparaisons qu'elle aurait pu comprendre, lui montrer un peuple tronçonné entre plusieurs pays comme des Basques ou des Kurdes, lui expliquer que l'Empereur de Chine en convoitait tous les morceaux parce que c'était là où les dix fleuves géants qui irriguaient le continent prenaient leur source, où les terres gelées étaient gavées de cuivre et d'uranium, et qu'un sous-sol riche était un judicieux motif d'annexion. L'Empereur Hu espérait en effet conquérir le monde et la richesse du monde, aussi envoyait-il sur tout le globe ses ingénieurs et ses marchands pour l'accaparer discrètement. Parfois cela ne marchait pas très bien ; en Zambie, les Africains étaient excédés par les contremaîtres chinois qui payaient les mineurs de cuivre à coups de lattes en bambou, et l'Empereur Hu comprenait mal comment cette fichue contrée supportait des élections et des gazettes libres, ce qui lui était inconcevable. Sur son vaste territoire d'Asie, les choses étaient plus simples, et son principe consistait à noyer les populations rattachées à l'Empire Céleste sous un afflux de mandarins et de colons pékinois, afin que les indigènes devinssent minoritaires chez eux, comme les Mongols décimés en Mongolie, comme les Ouïgours musulmans chassés comme des rats. L'Empereur Hu se montrait fort chatouilleux et ne souffrait point qu'on lui résistât. Voyant toutefois l'économie dont il était si fier en train de ralentir, de même que toutes les économies reposant sur l'esclavage, il lança son peuple dans un nationalisme farouche pour mieux le souder et lui racler le dedans du crâne.

Les Tibétains, cependant, récalcitraient. Leur vrai gouvernement vivait en exil depuis un demi-siècle, sous l'autorité d'un homme au crâne rasé comme un genou, en robe safran et grenat, dont le sourire lassait à force d'être permanent ; on le nommait dalaï-lama, ce que les lettrés chinois traduisaient par « le moine à tête de chacal », en l'accusant du pire puisqu'il voyageait constamment pour expliquer partout que la culture de son peuple ne devait point être réduite en folklore. Les touristes étaient l'une des armes de l'Empereur Hu pour transformer les peuplades réticentes en animaux de spectacle, déraciner leurs anciennes coutumes et récupérer leurs maisons et leur sol. Même très encadrés et menés en troupeau d'une curiosité à l'autre, les touristes avaient la manie de photographier, et ce fut à cause d'eux qu'on eut dans le monde des images très dures qui racontaient les incidents de Lhassa, la capitale du Tibet ; on voyait les indigènes attaquer des boutiques chinoises, incendier des banques chinoises, jeter des cailloux à la police chinoise. On sut qu'il y eut des coups de feu pour mater cette meute de mécontents, dont cent quarante furent tués. L'Empereur Hu et ses mandarins usèrent de leurs stratagèmes ordinaires, dirent que les séparatistes tibétains étaient plus cruels que des bêtes, et ils retournèrent les images des touristes à leur avantage. Cependant, l'un de ceux-ci reconnut un policier déguisé en bonze, qui provoquait la foule et l'incitait à tout casser. Les mandarins crièrent au mensonge : « La nation chinoise amoureuse de la paix, raffinée et cultivée, a trop longtemps été la cible d'insultes ! » Puis ils fermèrent la région aux étrangers et vidèrent les monastères pour remplir les prisons. Lorsque, peu après ces événements douloureux, la flamme olympique, selon une récente tradition, courut dans tous les pays pour se faire acclamer, en Occident il y eut des huées et des bousculades qui déplurent à l'Empereur de Chine.

Pareilles hostilités indisposaient Notre Sautillant Monarque qui redoutait de fâcher l'Empereur Hu, lequel pouvait nous rapporter des milliards pour matelasser nos caisses vides, alors, fort empêtré, le Prince mena une sorte de ballet, il gambillait de l'avant et de l'arrière, risquait un pas de côté, un entrechat, une génuflexion, un recul, un salut précédé d'un saut, tout cela presque en même temps et propre à époustoufler un danseur étoile. Quand on siffla dans les rues de Paris la flamme que portaient les Chinois en cortège, et que ces festivités durent être détournées, retardées, cachées, accélérées, et que dans la foule hurlante on agitait des drapeaux tibétains, Notre Prince, écoutant à la fois son courage et son opinion publique, prit un ton de ferme noblesse pour signifier à son homologue l'Empereur Hu : « Je viendrai à Pékin pour la cérémonie des Jeux, mais seulement si vous discutez avec ce M. Dalaï-lama qui semble un brave type. » La Princesse Rama en profita pour poser des conditions, exiger l'arrêt des violences dans l'Himalaya et la libération des bonzes encore vivants, mais, dans l'après-midi, elle dut se rétracter : « Des conditions ? dit-elle, non, des souhaits… » Le comte d'Orsay, qui connaissait à l'intime le dalaï-lama avec qui il avait déjà bu du lait de yak fermenté, précisa qu'on ne pouvait pas être plus tibétain que les Tibétains ; cette formule énigmatique sonnait clair mais ne signifiait pas grand-chose. Malgré ces adoucissements, les Chinois firent les gros yeux et Notre Téméraire Majesté rentra sous le tapis : « Bon, j'irai à Pékin sans condition, parce qu'on peut pas boycotter le quart de l'humanité, pas vrai ? » *Pas vrai*, le mot tombait juste car très peu de Chinois devaient assister aux Jeux. A ce moment, facétieux comme un moinillon, le dalaï-lama fit savoir qu'il visiterait la France au mois d'août et Sa Majesté accepta de le recevoir, comme avant lui les princes anglais, allemands ou américains sans que cela posât le moindre problème, et Notre Monarque Souverain se redressa de toute sa hauteur : « Hé ! C'est pas à la Chine de fixer mon agenda ! » Si. L'ambassadeur de l'Empereur Hu réagit illico en dévoilant des images de manifestations anti-françaises, des drapeaux tricolores barbouillés de croix gammées devant un magasin Carrefour installé à Shanghai ; il ajouta que cette rencontre aurait de graves conséquences. « Très bien, dit Notre Prince, je ne recevrai donc pas personnellement ce Tibétain chauve qui sème le désordre partout où il passe… » Mieux encore, pour amadouer les Chinois, Sa Majesté envoya des émissaires à la Cité Interdite ; le baron Raffarin, qui avait naturellement le dos rond d'un coolie et menait là-bas ses affaires, alla se prosterner devant l'Empereur Hu en lui remettant un superbe cadeau, une biographie de Charles Ier de Gaulle, puis le président de notre Sénat lui succéda à quatre pattes avec une lettre d'excuses de Nicolas Ier, et il fit le baise-main à la nouvelle héroïne de l'Empire Céleste, une athlète handicapée qui avait été conspuée près de la tour Eiffel. Sa Majesté se soumettait, et se soumettant il nous ridiculisait, ce qui amusa fort l'Empereur de Chine et ses favoris ; ils avaient tout prévu pour que leur Olympiade les servît, qu'elle fût un éblouissement pour le monde et un embrigadement pour leur pays.

Il fallut d'abord transformer Pékin en vitrine, avec ce goût du superlatif et du futurisme qu'affectionnèrent toujours les empires autoritaires. Le grand nettoyage avait duré des années ; deux millions de paysans sans droits ni solde avaient bétonné la capitale avant qu'on ne les renvoyât chez eux ; ne restaient plus que trois ruelles de l'ancienne cité tartare, comme un faible témoignage du passé puisque les étrangers raffolaient des vieilleries. Les habitants les plus modestes avaient été expropriés au bulldozer et déplacés très loin. Officiellement ils purent manifester leur mécontentement, dans certains sites autorisés et clos, mais ils devaient auparavant rédiger une demande, et deux dames octogénaires qu'on avait chassées de chez elles sans indemnisation écrivirent donc cinq demandes ; c'était trop ; elles furent expédiées en camp de rééducation. La routine répressive se poursuivait mais on ne devait pas la voir. La population qui demeurait en ville fut mobilisée comme guides ou auxiliaires des cent cinquante mille policiers et militaires qui assuraient l'ordre parfait. Il avait aussi fallu changer l'air et changer l'eau. Les automobiles privées, qui polluaient, furent bientôt interdites, parce que le ciel de Pékin n'était jamais bleu et qu'on y vivait dans le brouillard ; de même, les usines sales avaient été écartées et ne souillaient désormais plus que la campagne, mais les mandarins assuraient aux sportifs invités que leurs poumons ne risquaient rien : « Notre ciel gris et poisseux, ce n'est pas de la pollution, c'est de la vapeur, comme la buée sur la glace de votre salle de bains quand vous faites couler l'eau chaude. » L'eau posait d'autres soucis, elle manquait, on dut l'acheminer par des canaux, en asséchant des régions entières, pour arroser les massifs de fleurs, les arbres plantés par milliers, les pelouses déroulées comme de la moquette. Tout devait être propre. Les minorités présentes étaient visibles mais au zoo, un parc où le portail figurait deux baobabs en ciment, et on pouvait y regarder de près des Va, des Miao, des Mongols ou des Hmong dans leurs décors reconstitués ; il n'était pas interdit de leur lancer des friandises. L'Empereur de Chine avait magnifiquement réussi à nettoyer sa capitale en la bouleversant, ce que le tyran Ceauşescu n'avait tenté qu'à demi en ne rasant qu'une moitié de Bucarest, ce que le tyran Hitler n'avait qu'esquissé sur des maquettes quand il projetait de remodeler Berlin à l'antique et de l'appeler Germania. A propos de ce dernier tyran, des comparaisons affreuses, tendancieuses et audacieuses furent faites entre son Olympiade de Berlin et la féerique Olympiade de Pékin à laquelle assista Notre Majesté dans la tribune. Regardons cela par le menu, c'est-à-dire par le début.

Huit siècles avant notre ère et vingt-neuf siècles avant l'avènement de Notre Glorieuse Majesté, quand les Grecs batailleurs inventèrent leurs jeux à Olympie et les dédièrent à Zeus, ils en avaient une idée précise ; le sport devait préparer les corps à la guerre, et l'athlétisme était une religion qui célébrait la force physique et l'adresse, les splendides vertus du combattant. Il y avait plus de cent ans, lorsqu'il ressuscita ce spectacle, le baron de Coubertin se lissa du doigt les moustaches et rajusta son col amidonné pour ajouter une docte précision : « L'athlète moderne exalte sa patrie, sa race, son drapeau. » Ce redoutable en monocle et plastron avouait son rêve de créer des pur-sang humains à l'égal du docteur Frankenstein mais en plus musclés. Il vit donc en M. Hitler l'un des plus grands esprits constructeurs de son temps ; il lui dit même à Berlin en 1936 : « Monsieur, vous avez magnifiquement servi, sans le défigurer, l'idéal olympique. » Cet esprit de compétition exacerbé ne pouvait que plaire à l'Empereur de Chine et à ses mandarins célestes, et ils s'en emparèrent fièrement, suivant ainsi les préceptes de leur ancêtre admirable, l'Empereur Mao dont les portraits ornaient toujours les édifices, et pour lequel une vision hygiénique du sport devait, comme chez les Grecs, satisfaire les besoins de la défense nationale et être associée à un discours cocardier apte à faire vibrer ses millions de sujets et assujettis ; une peinture réaliste de son époque montrait des héros qui sautaient les haies avec des fusils en bandoulière, ainsi que l'avait préconisé le baron de Coubertin ; celui-ci avait réclamé en 1905 que la marche militaire, sac au dos, fût reconnue comme une discipline sportive.

Ayant eu connaissance de ces réalités, Sire, vous ne seriez pas resté le nez dans la poussière devant l'Empereur Hu, ses mandarins et ses contrats, vous vous seriez redressé pour étudier comment vos hôtes possédaient l'art du faux et ses subtilités. Dès votre arrivée dans le plus vaste aéroport du monde, celui de Pékin bien sûr, agrandi pour l'occasion et qui ressemblait par sa forme à un gigantesque phénix aux ailes déployées mais écrasé au sol, vous vous seriez dit que tout ici n'était qu'apparence, décor et menterie. Si le chevalier de Guaino avait fait son travail documentaire, il vous aurait ouvert *Tintin au pays des Soviets* à la page 68 ; le petit reporter doute devant les usines qui tournent à plein régime, il va regarder derrière et s'exclame : « Ah ! ce sont de simples décors de théâtre derrière lesquels on brûle de la paille pour faire fumer les simili-cheminées ! » En traversant la place Tian'anmen, Votre Perspicace Majesté se serait fait traduire le slogan qui s'allongeait sur une banderole, en blanc sur fond rouge sang : « La réforme et l'ouverture dessinent l'harmonie. » Ne dirait-on pas l'une des formules que vous récitez pour tromper ? Vous auriez alors médité sur le savoir-faire ancestral de ces mandarins ; ils louaient le sport mais ne s'en servaient que pour encager leur peuple et attirer chez eux la finance volage ; vous auriez considéré différemment les réclames qui fleurissaient en ville pour Coca-Cola, Adidas ou Samsung. Vous auriez appris, Très Lucide Seigneur, qu'en Chine il n'y avait pas de piscines, de salles ni de stades pour les amateurs, rien que des lacs boueux mangés par les algues. L'Empereur Hu n'avait jamais aimé que les champions dopés au sang de tortue et au bouillon d'alligator, enlevés enfants de leurs villages pouilleux et formés dans l'une des trois mille académies sportives pour s'y entraîner dans une matière non choisie, chaque jour de l'année, jusqu'à l'épuisement ; malheur à qui ne récoltait point de médaille, breloque et hochet, il était jeté au rebut. Vous qui avez une attirance pour le simulacre, Sire, ce privilège des Souverains d'abord chefs d'un parti pour dominer le reste du peuple, comme l'Empereur Hu, comme Vous, méditez sur cette cérémonie d'ouverture grandiloquente à laquelle vous fûtes convié. Le toc y était omniprésent. Le feu d'artifice somptueux que le monde vit sur ses écrans n'eut pas lieu dans la réalité, à cause de la brume pékinoise qui empêchait de voir les fusées tracer des pas dans le ciel, mais l'Empereur Hu fit diffuser des images truquées et préparées depuis un an. La petite fille émouvante qui chanta *Ode à la mère patrie* et tira des larmes aux spectateurs de toute la planète, elle ne chantait pas vraiment mais faisait semblant ; le son pur et enlevé provenait d'une autre petite fille qui avait la malchance d'être moins jolie et d'avoir perdu deux dents de lait sur le devant. Croyez-vous que pris sur le fait les organisateurs furent perturbés ? Non pas. Ils expliquèrent : « Nous voulions projeter l'image parfaite, nous avons pensé à ce qui serait le meilleur pour la nation. » C'est un peu comme si la voix de Madame, point assez forte pour notre *Marseillaise*, était doublée par celle plus tonitruante de

Mlle Mireille Mathieu. Quant aux minoritaires des peuplades, qui dansaient la farandole en costumes régionaux, pas un n'arrivait des pays qu'annonçaient leurs toques à grelots et leurs gilets brodés, mais plutôt des villes de l'Est puisqu'ils appartenaient tous, sans exception, au Parti majoritaire des Han. A Olympie, pour ouvrir la cérémonie, il n'y avait qu'un seul tambour sur la piste du stade ; à Pékin ils étaient deux mille huit à frapper en cadence pour des rameurs imaginaires, et cela enthousiasma Notre Parfait Monarque : la quantité dominait ouvertement la qualité. Le spectacle, si joliment falsifié de bout en bout, avec ses accents militaires, plut aussi infiniment aux messieurs du Comité olympique qui savaient par expérience que les pays pauvres, tenus par un gouvernement rigide, étaient seuls capables de tels exploits et d'un domptage si réussi ; ils avaient déjà choisi, dans ce même esprit, l'endroit de leurs jeux hivernaux, la Russie du Tzar Vladimir et du Tzarevitch Dimitri, lesquels s'exprimaient d'une voix unique, et, en esthétique comme en organisation, suivaient la même ligne que l'Empereur Hu. Cela promettait du grandiose. Une station balnéaire de la mer Noire, Sotchi, s'y préparait. Douze milliards de dollars devaient remodeler le site, un archipel factice édifié en mer, des palaces rococo en béton, une nouvelle route, un métro aérien pour relier les palmiers et les plages de galets aux pistes enneigées du Caucase. *Expropriation, spéculation, corruption*, la devise restait merveilleusement identique, et les réticents qui refusaient de vendre leurs datchas, afin de laisser la place aux pelleteuses, se voyaient menacés d'incendie accidentel. La belle aventure de Pékin pouvait recommencer à deux pas de la Géorgie.

Le Caucase tourneboulait cet été-là Notre Boulimique Suzerain. Sans doute pour préparer les Jeux de Sotchi, le Tzar Vladimir ayant appris que la course de chars était une discipline olympique dans l'Antiquité, fit mine de confondre les quadriges et les blindés, et, pour s'entraîner, envahit deux provinces de la Géorgie. Le prétexte était celui qu'avait donné M. Hitler soixante-dix ans plus tôt quand il annexa le territoire des Sudètes, disant qu'il voulait protéger ses habitants qui y parlaient le germain et non point le tchèque ; le Tzar Vladimir dit de même, parce que les Ossètes et les Abkhazes dont il s'emparait parlaient en majorité le russe. Ajoutons que le Tzar avait la nostalgie des frontières naturelles de son Empire, dessinées autrefois par le Tzar Staline qu'il admirait, et qui furent dépecées par la politique mondiale pour réduire la Russie à elle-même en lui volant ses principaux satellites. S'il convoitait ces minuscules territoires, le Tzar voulait aussi contrôler tout le pétrole et le gaz de l'Asie centrale, les tuyaux qui partaient de la mer Caspienne, traversaient la Géorgie et filaient vers la Turquie. Cette Géorgie arrogante envisageait de se rattacher à l'Europe et dérangeait fort le Tzar ; il y avait donc envoyé ses cosaques.

Notre Prince Mirifique ne put se contenir devant l'invasion qui fit grand bruit et nulle action contraire. Commandant l'Europe pour quelques mois, il agit comme chez lui, sans consulter quiconque, décida seul et se précipita en Géorgie puis à Moscou pour y faire sa police, flanqué d'un comte d'Orsay chaviré par les décalages horaires. Courant d'un aéronef à l'autre, Notre Mirobolant Seigneur ressemblait à ce petit mammifère aux pattes courtes et au ventre blanc qui tourne sans se lasser dans sa cage, et il fut surnommé par des méchants « le hamster volant ». Il voulait en fait obtenir que le feu cessât et tirer de l'étranger beaucoup de la gloire personnelle qu'il avait perdue chez les siens. Il se félicita et le répéta jusqu'à ce qu'on le crût : « J'fais tourner le débat autour de moi, c'est mon truc, c'est comme ça que j'ai gagné mon trône, c'est comme ça qu'j'ai fait avec le Tzar. J'ai proposé un plan de paix, et maintenant tout tourne autour de mon plan et de moi, et c'est à cause de moi, de moi, que pour la première fois l'Europe sert à quelque chose. » Il faut préciser pour l'Histoire que le plan en question était celui du Tzar, qui ne retira point ses troupes dans l'immédiat et rattacha autoritairement deux provinces géorgiennes à la Sainte Russie, comme il l'avait décidé ; en 1938, à Munich, l'Europe avait déjà cédé dans une affaire d'annexion similaire, mais le comte d'Orsay, pour s'en défendre et montrer les muscles de Sa Majesté, inventa une notion stupéfiante :

— Nous serons fermes face au Tzar !

— Et quelles seront les sanctions, si les Russes veulent nous berner ? s'informa un gazetier.

— Quelles sanctions ? Je ne vois pas... *Nous serons fermes sans sanctions.*

Ce qui fit le plus peur au Tzar Vladimir, ce n'était point la fermeté sans suite de Notre Altesse, mais que les investisseurs, effrayés par la guerre, fussent en train de déserter la Moscovie en emportant quinze milliards de dollars dans leurs valises.

Vu de loin, Notre Chatoyant Monarque réussissait à créer l'illusion de sa puissance et de sa terrible efficacité, et il ne s'en privait jamais, débuchant les occasions de se faire mousser ; il exigeait que le monde fût en orbite autour de lui comme les planètes autour d'un soleil. Il possédait l'art de renverser à son avantage les situations ; lorsque des soldats qu'il avait envoyés en croisade dans les montagnes afghanes tombèrent dans une embuscade, et moururent, le Prince sut voiler le réel des faits derrière un rideau d'émotion : il décora des cercueils. On en oublia ses paroles d'autrefois qui contredisaient ses actes présents ; lorsqu'il bataillait pour conquérir son trône, il avait tenu des propos raisonnables sur ce conflit déraisonnable : « Aucune armée étrangère n'a jamais réussi dans un pays qui n'est pas le sien. » Oh, ce n'était point une grande découverte, mais les guerriers d'Afghanistan avaient déjà défait Alexandre le Grand, les Anglais et les Russes. Ce pays abritait sans doute d'ignobles terroristes et produisait chaque année huit mille tonnes d'opium dont la vente leur assurait un sérieux ravitaillement en armes modernes, mais la coalition occidentale se comportait si follement que l'expédition de paix s'était transformée en guerre d'occupation ; cela durait depuis sept ans. Les gazettes nous abreuvaient en bévues militaires. Ici on tuait par inadvertance quatre femmes et un enfant pachtounes en traquant des activistes, et là quatre-vingt-dix civils lors d'un bombardement, et soixante-quatre qui fêtaient un mariage, puis soixante-seize autres et ainsi de suite, ce qui permettait aux troupes talibanes de gonfler contre nous leurs effectifs de sauvages. Grâce à Sa Majesté, nous apprenions que la guerre tue et qu'un maître d'école vaut toujours mieux qu'un colonel, mais ce n'était peut-être pas la démonstration qu'elle avait voulu nous servir.

*Épilogue
en forme de lèse-majesté*

La fin de cet été d'agitation fut désolante et le ciel se couvrit de nuages de grêle. On eût dit que la nature se vengeait de la suffisance des hommes. Les cyclones se levèrent en série, les tempêtes tropicales secouèrent les palmiers, la boue coulait des pentes sottement déboisées ; l'Inde, Haïti, le Vietnam et la Grande-Bretagne furent inondés, des récoltes dévastées, puis vint le choléra. La rouille noire du blé se propagea de l'Ouganda jusqu'en Iran et au Yémen, et il y eut une alerte car elle menaçait l'Est tout entier ; ce champignon tueur avait naguère servi d'arme biologique aux Américains, qui s'en servaient contre les Russes, mais désormais bien vivace il se propageait seul et suivait les vents dominants. Les abeilles mouraient par centaines de milliers, les cultures sans pollen dépérissaient ; on s'en soucia en s'apercevant que leur diminution nous avait déjà fait perdre cent cinquante-trois milliards d'euros. Les matières premières se mirent à flamber. Il y eut des émeutes de la faim puisque le blé, le soja et le riz devenaient rares. Un vent de pestilence se levait autour de la planète. On disait qu'un bébé américain, en naissant, devait déjà cinquante-quatre mille dollars à son banquier. Pauvre petit, pauvres de nous, pauvres cons.

Sitôt ses médailles en or moissonnées, on vit mieux de quoi la richesse de l'Empereur de Chine était faite. Après la gloire du stade il y eut la honte marchande. On comprit soudain que si les hôpitaux étaient là-bas construits à côté des prisons c'était à cause des organes récupérés sur les cadavres des multiples condamnés à mort ; un rein valait trente-deux mille euros, un foie quatre-vingt mille. Nous reçûmes avec une nouvelle méfiance les produits de Pékin, le lait en poudre à la mélamine, le dentifrice à l'antigel, les pneus qui crevaient, les jouets peints au plomb toxique, les raviolis au pesticide, la nourriture pour chiens empoisonnée, les fauteuils relaxants et les bottes qui brûlaient la peau, les prothèses dentaires nocives, les médicaments frelatés comme les bonbons White Rabbit qu'on achetait chez nous, mais surtout, surtout, et ce fut là que le scandale atteignit son amplitude, surtout, c'était en Chine que furent fabriquées les poupées vaudou à l'effigie de Notre Incommensurable Majesté, que n'importe qui, pour rire ou se passer les nerfs, pouvait larder de coups d'aiguilles en ricanant. Face à ce crime, l'esprit chicaneur et tout aux procédures, Notre Paranoïde Leader fit procès, ce dont il avait pris l'habitude à propos de la moindre insolence à son égard. Les juges, qu'il maltraitait en permanence, le déboutèrent, bafouant son bon plaisir. Peste fût des magistrats ! L'avocat avait pourtant précisé : « Sa Majesté a sur son image un droit exclusif et absolu. » Et il fit appel.

Notre Truculent Souverain était alors en train de fourbir un nouveau régime à sa mesure qu'on pouvait qualifier du nom très doux de *démocratie totalitaire*, dans laquelle les droits des sujets seraient affermis en textes et en mots mais non point en actes, aussi ne pouvait-on plus se fier aux lois qui surabondaient et se modifiaient au gré des humeurs du Château, comme celle concernant le favoritisme que Notre Prince édicta sur un ton sans réplique : « C'est pas parce qu'on est mon ami qu'on doit avoir moins de droits qu'les autres. » De cette maxime inaltérable il y eut une foule d'illustrations ; évoquons la plus flagrante car elle n'était pas drôle quoiqu'elle regardât un comique. Pour sauver la beauté de leurs côtes, souvent, les Corses faisaient exploser des villas mal placées ; ils pensaient que l'odeur du thym sauvage et la clochette des chèvres devaient gagner sur le béton. La gendarmerie mettait rarement la main au collet de ces maquisards en cagoules, mais il en fut autrement lorsqu'un groupe de villageois piétina la pelouse de M. Clavier, un comédien très proche de Sa Majesté qui à ce moment précis naviguait au large. Que firent ces scélérats pacifiques ? Aucun dégât, dit-on, à peine un coq en fer tomba-t-il dans la piscine, mais aucune violence, et le maître d'hôtel leur servit dehors quelques verres d'eau qu'ils emportèrent pour ne pas laisser leurs empreintes. A l'autre bout du monde où il se montrait, Notre Leader Furieux s'en étrangla ; aussitôt, le chef de la police de l'île fut envoyé à la Bastille au grand émoi de ses subordonnés et à la joie des gredins qu'il exaspérait, dont Sa Majesté protégea ainsi les méfaits. La nouvelle se répandit et fut commentée sur les ondes par un autre ami de Notre Prince, un camarade d'enfance qu'il avait nommé directeur de toute la police ; parlant de l'ami de son ami, celui-ci résuma l'affaire : « Ça aurait été la même chose s'ils avaient envahi une autre propriété. » Le lendemain, le toit d'une villa explosa et il n'y eut pas de saine colère au Château.

Une vague d'agacement sembla précéder une vague de colère, et la fronde couvait. Sur les écrans du samedi soir, un artiste populaire qui avait pour vocation de défendre les artistes, M. Sébastien, faisait reprendre en chœur au public le refrain de sa dernière chanson, et, comme il remuait bizarrement une épaule en riant, on comprit de qui il nous parlait :

> *Ah ! si tu pouvais fermer ta gueule,*
> *Ça nous f'rait des vacances,*
> *Ah ! si tu pouvais fermer ta gueule,*
> *Ça f'rait du bien à la France...*

Alors la crise mondiale de la finance, qu'on devait à la piraterie des milieux d'affaires que choyait Notre Majesté, se mit à éclater avec une force que nul n'avait mesurée. Cette tempête risquait de nous engloutir. Comment Notre Hardi Monarque allait-il empêcher la dérive puis le naufrage ? Allait-il en tirer profit ou sombrer ? Le peuple allait-il se dresser ou s'endormir ? Chères lectrices et chers lecteurs, vous le saurez dans le prochain épisode de cette *Chronique du règne de Nicolas Ier*.

(Trouville, octobre 2008)

Table

Adresse à Notre Très Émoustillant Souverain, Trésor National Vivant 11

CHAPITRE PREMIER 13

Facéties attribuées à Mouammar le Cruel. – Sa Majesté tournée en ridicule. – Bienheureuse apparition de la comtesse Bruni. – Traits importants de son caractère. – Drôlerie soudaine de Notre Vif Leader. – De la bondieuserie volontaire.

CHAPITRE II 41

L'année s'ouvre sur des contraintes. – « Moi je. » – M. de Joffrin souffleté en public. – Courte vue du Monarque sur la monarchie. – Désolant état du trésor impérial. – Sa Majesté désavouée. – Les pétards de M. Attali.

CHAPITRE III 63

La comtesse et les caissières. – Une cérémonie à la sauvette. – Madame. – Ses habits neufs. – L'affaire du message secret. – Gazettes au pilori. – Le baron Bertrand en embuscade. – Langage fleuri de Sa Majesté. – La révolte de Neuilly. – Exécution du Premier valet de chambre.

CHAPITRE IV 87

Vers la déculottée. – Déconfiture des troupes impériales. – La Princesse Rama. – Son utilité. – Résurrection du duc de Bordeaux. – La Gauche avance comme un canard sans tête. – Modestie du duc de Paris. – Monsieur de la Poste prend du galon. – Madame, charmeuse d'Anglais.

CHAPITRE V 111

L'homme qui n'aimait pas les Français. – Une fabrique de couacs. – Anniversaire en sourdine. – « Comme il a changé ! ». – Ceux qui se lèvent tôt. – La Narcisse and Co. – A moi l'Europe ! – Rudesse de l'Empereur de Chine. – Voyage au pays du faux. – Les dragons du stade. – Le Tzar Vladimir se rebiffe.

Épilogue en forme de lèse-majesté 147

Patrick Rambaud
dans Le Livre de Poche

La Bataille n° 14646

« Des canons, des chevaux, deux armées, des uniformes ; à la première page, le canon gronde, il se tait à la dernière. » Ainsi Balzac évoque-t-il son projet de consacrer un roman à la bataille d'Essling, qui opposa en 1809 les Autrichiens à la Grande Armée de Napoléon. Balzac mourut sans nous donner sa *Bataille*. La voici, racontée par Patrick Rambaud (Grand Prix du roman de l'Académie française et prix Goncourt 1997).

Il neigeait n° 15264

« Septembre 1812. [...] Les armées de Napoléon arrivent devant les minarets de Moscou. La ville est démesurée, mais où sont les habitants ? La ville est riche, mais où sont les vivres ? [...] Soudain, le feu. [...] C'est un piège. Moscou va flamber pendant plusieurs jours. Quand la pluie apaise le feu, l'empereur décide de s'installer dans les ruines, il croit que le tsar va négocier une paix, mais non, ses troupes refluent un mois plus tard, grossies par des milliers de civils. Commence alors la fameuse retraite de la Bérézina. La neige tombe... »

L'Absent n° 30306

« 1814. L'Europe envahit la France. [...] Napoléon est bientôt obligé d'abdiquer. [...] Il s'embarque sur un navire anglais pour son nouveau royaume, l'île d'Elbe, un rocher au large de la Toscane. Comment un homme qui a gouverné un continent va-t-il supporter de régenter une sous-préfecture ? »

Le Chat botté n° 31114

« L'ascension d'un homme. Petit, maigre, avec un drôle d'accent, des cheveux raides et des yeux bleus, il a 25 ans : il n'est rien et il veut tout. Général en disgrâce, il monte de Marseille à Paris au printemps 1795. À force d'intrigues, de coups de gueule ou de caresses, notre général va réussir. »

Chronique du règne de Nicolas Ier n° 31074

Récit au quotidien des coulisses des premiers mois du règne de l'empereur Nicolas Ier et de sa cour, mais aussi pastiche des mémoires de Saint-Simon...

La Grammaire en s'amusant n° 31473

Dans la vie moderne, mieux vaut lire, écrire et parler clair. La grammaire n'est pas une punition mais une nécessité, un droit, une chance et un jeu. Pourtant la plupart des élèves sont rebutés par les manuels scolaires qui se complaisent dans une langue affectée : pourquoi tant de préciosité pour énoncer des principes simples ? Écrire une grammaire lisible, c'est possible.

L'Idiot du village n° 30835

Un jour, en parcourant le quotidien qu'il vient d'acheter, notre héros tombe avec surprise sur des informations de 1953. Il croit à une plaisanterie ou à un numéro spécial, mais d'autres phénomènes vont le replonger définitivement dans les années 1950. Ainsi largué dans le Paris de son enfance, il se résout à accepter ce sort improbable. Il va vite savourer sa supériorité : il connaît l'avenir...

Du même auteur :

La Saignée, Belfond, 1970.
Comme des rats, Grasset, 1980 et 2002.
Fric-Frac, Grasset, 1984.
La Mort d'un ministre, Grasset, 1985.
Comment se tuer sans en avoir l'air, La Table Ronde, 1987.
Virginie Q., parodie de Marguerite Duras, Balland, 1988. (Prix de l'Insolent.)
Bernard Pivot reçoit…, Balland, 1989 ; Grasset, 2001.
Le Dernier Voyage de San Marco, Balland, 1990.
Ubu président ou l'Imposteur, Bourin, 1990.
Les Mirobolantes Aventures de Fregoli, Bourin, 1991.
Mururoa mon amour, parodie de Marguerite Duras, Lattès, 1996.
Le Gros Secret, Calmann-Lévy, 1996.
Les Aventures de Mai, Grasset/Le Monde, 1998.
La Bataille, Grasset, 1997. (Grand Prix du roman de l'Académie française, Prix Goncourt et Literary Award 2000 de la Napoleonic Society of America.)
Il neigeait, Grasset, 2000. (Prix Ciné roman-Carte Noire.)

L'ABSENT, Grasset, 2003.
L'IDIOT DU VILLAGE, Grasset, 2005. (Prix Rabelais.)
LE CHAT BOTTÉ, Grasset, 2006.
LA GRAMMAIRE EN S'AMUSANT, Grasset, 2007.
CHRONIQUE DU RÈGNE DE NICOLAS Ier, Grasset, 2008.

Avec Michel-Antoine Burnier :

LES AVENTURES COMMUNAUTAIRES DE WAO-LE-LAID, Belfond, 1973.
LES COMPLOTS DE LA LIBERTÉ : 1832, Grasset, 1976. (Prix Alexandre-Dumas.)
PARODIES, Balland, 1977.
1848, Grasset, 1977. (Prix Lamartine.)
LE ROLAND BARTHES SANS PEINE, Balland, 1978.
LA FARCE DES CHOSES ET AUTRES PARODIES, Balland, 1982.
LE JOURNALISME SANS PEINE, Plon, 1997.

Avec Jean-Marie Stoerkel :

FRONTIÈRE SUISSE, Orban, 1986.

Avec Bernard Haller :

LE VISAGE PARLE, Balland, 1988.
FREGOLI, un spectacle de Jérôme Savary, *L'Avant-Scène Théâtre* n° 890, 1991.

Avec André Balland :

ORAISONS FUNÈBRES DE DIGNITAIRES POLITIQUES QUI ONT FAIT LEUR TEMPS ET FEIGNENT DE L'IGNORER, Lattès, 1996.

www.livredepoche.com

- le **catalogue** en ligne et les dernières parutions
- des **suggestions de lecture** par des libraires
- une **actualité éditoriale permanente** : interviews d'auteurs, extraits audio et vidéo, dépêches…
- **votre carnet de lecture** personnalisable
- des **espaces professionnels** dédiés aux journalistes, aux enseignants et aux documentalistes

Composition réalisée par PCA

Achevé d'imprimer en avril 2010, en France sur Presse Offset par
Maury-Imprimeur - 45330 Malesherbes
N° d'imprimeur : 154748
Dépôt légal 1re publication : janvier 2010
Édition 03 - avril 2010
LIBRAIRIE GÉNÉRALE FRANÇAISE - 31, rue de Fleurus - 75278 Paris Cedex 06

31/3313/9